藝術大師

周夢蝶

詩壇苦行僧

劉振祥／攝

48歲攝於台北國際照相館。曾有一偈：「負手而立，掌中何物？識者不見，見者不識！」

河南省立開封師範旅台校友會成立紀念合影
宜陽：劉陽明敬攝　中華民國六十六年五月一日

河南開封師範校友會。（右一為周夢蝶，右後為黃應峰）

1968年在凌雲畫廊，背後是畫家陳庭詩的字畫。

在明星咖啡館前擺書攤的周夢蝶成了台北一景。

與司馬中原（左一）、黃慶萱（左二）攝於南園。

1990年獲頒《中央日報》文學成就獎。

與簡媜在南園。

1984年國立藝術館舉辦散文朗誦會，應邀朗誦「風耳樓小牘」四則。

與聽經的同參們攝於蓮池閣餐廳。（中排右四為葉曼）

陳庭詩畫展與管管（右一）、洛夫（左四）、陳庭詩（左一）等人攝於雄獅畫廊。

1997年攝於淡水。

特立獨行的詩壇苦行僧。

萬里江山供畫本
餘生詩酒換浮名

獲得國家文化藝術基金會「文藝獎」，前往中山大學擔任「駐校藝術家」，與余光中夫婦合影。

與陳庭詩攝於台中耳公畫室。

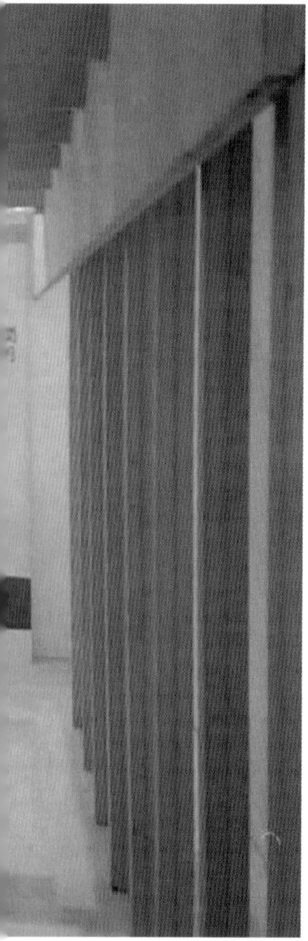

畫家席德進筆下的周夢蝶既神祕又莊嚴。（中國時報資料照片）

1997年於淡水寓所。（劉振祥攝）

周夢蝶和他的詩作《孤獨國》、《還魂草》以及英譯封面（圖右）。

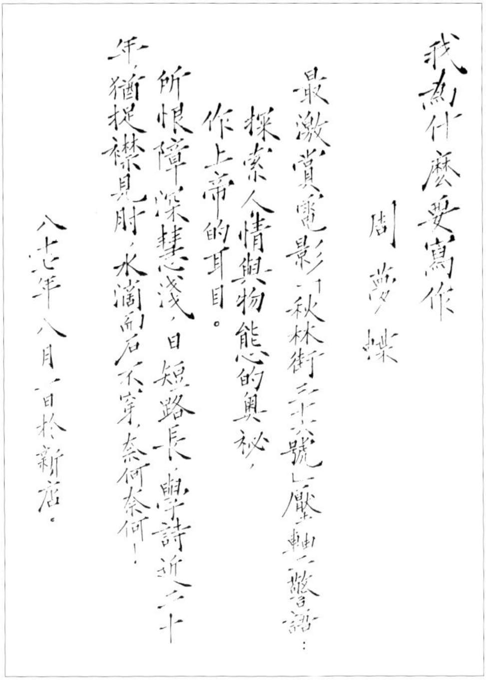

我為什麼要寫作
周夢蝶
最激賞電影「秋林街三十六號」壓軸一警語：
探索人情與物態的奧秘，
作上帝的耳目。
所恨障深慧淺，日短路長，學詩近六十
年，猶捉襟見肘，水滴而石不穿，奈何奈何！
八十七年八月一日於新店。

所思惟翰墨
岑寂勝歡娛
公元一九九八戊寅立秋日
集李義山句
海顱周夢蝶

周夢蝶作品賞析。

淡水外竿是周夢蝶最難忘的居所。

周夢蝶近影。（劉振祥攝）

【藝術大師】

周夢蝶

詩壇苦行僧

劉永毅◆著

財團法人國家文化藝術基金會贊助出版

國家文化藝術基金會文藝獎的意涵

簡靜惠

國家文化藝術基金會文藝獎設置的宗旨，爲鼓勵具有累積性成就之傑出文藝工作者，以全面提升文藝水準。

所謂累積性成就，是指文藝工作者在某一段時間內，累積了相當的作品，且獲得相當高的成就，對社會具傳承或影響的作用。因此與得獎者的年齡、學歷、背景沒有必然關係，而是以其創意和藝術上的成就爲主要考量。本獎項獎勵的類別包括文學、美術、音樂、舞蹈、戲劇。由於每個類別生態不儘相同，得獎者的專業背景和對該類文藝生態的貢獻和影響也各自有異，因此呈現出來的是多元化的內涵和風貌，從而反映了這個時代的精神和特色，這也正是本獎項的意涵之所在。

經過縝密的評審之後，第一屆國家文化藝術基金會文藝獎的五位得獎人，已於一九九七年九月產生，分別是：文學類周夢蝶、美術類鄭善禧、音樂類杜黑、舞蹈類劉鳳學、戲劇類李國修。

本獎項之特色除了評審辦法之愼重與寬廣外，還有一系列的後續推廣活動。曾在台北國立歷史博物館、台中市立文化中心、高雄市立美術館及花蓮縣立文化中心等地，舉辦得獎者藝術成就展及專題演講。並與高雄國立中山大學合辦駐校藝術家活動，周夢蝶、杜黑、李國修、鄭善禧等人都親臨中山大學，與學生談文説藝。

本基金會爲進一步擴大影響力，特別委託時報出版公司，出版得獎者傳記。分別是：《周夢蝶──詩壇苦行僧》、《鄭善禧──畫壇老頑童》、《杜黑──樂壇黑面將軍》、《劉鳳學訪談》、《OH？李國修！》。期盼這五位藝術家的人格風範與藝術成就能廣爲流傳。

目錄

◉第一章——
悲與喜

周夢蝶的打擊，
來自於一九九七年初的返鄉。
這趟大陸探親之行，
歷時五十五天，
是他於二十八歲告別母親及妻兒，
離家前往漢口讀書之後第一次返鄉。

一九九七年年初，見到詩人周夢蝶的朋友，無不嚇了一跳。本來就略屬枯槁、瘦弱的身子，看起來越發地不堪了。令人驚訝的，除了本來的削瘦身材，如今更「削瘦不似人形」之外，以前多少還顯得精神奕奕，現在卻給人一種「槁木死灰」之感。

周夢蝶精研儒學及佛學，兼以生性拘謹自持，平常雖然不輕易說笑，但碰到老朋友，總還免不了寒暄幾句。而這回，他可完全是提不起勁來，縮在藍長袍的身子骨，看來更爲蕭瑟。周夢蝶的打擊，來自於一九九七年初的返鄉。這趟大陸探親之行，歷時五十五天，是他於二十八歲告別母親及妻兒，離家前往漢口讀書之後第一次返鄉。

最是傷心歸鄉路

離家四十九年，周夢蝶重回家鄉河南淅川縣馬鐙鄉陳店村故居，面對的是人事全非。母親龔氏墓木早拱，妻子苗氏早已改嫁，而且也已過世；二兒子榮燾早就過世，確實幾歲去世都不可知。一說十歲中風夭折，一說十七歲因時疫棄世。這些都是塵封往事，也是心理上早有準備的預料中事。

但最令他悲慟的，是此次返鄉探親，竟親手送了大兒子榮西的終。他萬里奔家，最後的結局竟是親手葬了自己的長子。斯情斯景，焉能不心力交瘁。除了女兒喜鳳一家及一對孫兒女外，周夢蝶無父、無母、無妻、無子、無產、無家，真可謂孑然一身。

自從開放探親之後，掀起台灣外省籍人士的返鄉探親潮。有人一年返鄉探親三、兩次，有的人則台灣、大陸兩頭跑，但像周夢蝶這樣，二十八歲離家後，再沒有返鄉過的人，卻是寥寥無幾。

「我動過手術後身體弱，沒坐過飛機，也沒有錢！」這些都是周夢蝶遲遲不肯返鄉探親的幾個主要原因。碰上熱心的老鄉、朋友，問起他：「你怎麼還不回家看看」時，用來搪塞的藉口。他六十歲時，政府開放探親，剛好碰上胃疾，開刀割去四分之三個胃，人虛弱得不能遠行。

其實，他不肯回家的原因，和他當年拚命離開家鄉的原因一樣：他討厭共產黨。

周夢蝶在一九四八年時，毅然而然告別寡母、妻子及二子一女，除了一心想繼續中斷的學業外，儒家的薰陶，使他不信任、甚至討厭共產黨。他曾憤慨的批評「共產主義是最最荒謬的主張」。因此，對於共產黨統治下的中國大陸，他始終提不起返鄉的興趣。

「如果，母親還在世，我用爬的也要爬回去！」周夢蝶說，但他早已得知母親已然去世，而對妻子、兒女，多年來早不動念，因爲久未聯絡，甚至讓他們有「周夢蝶早已不在人世」之感。

缺乏強烈的誘因，加上對共產黨的憎惡、對未來不可知的返鄉情境，他始終未能成行。有兩位姓高、姓杜的同鄉兼老友，都住在淡水，同屬於「淡水七老」的朋友團體，自從開放探親以來，已經回家探視十幾次了。在一九九七年初，他們又有返鄉的打算，熱心的勸周夢蝶同行：

「周老，要不要一起回去？」

「我考慮考慮吧！」周夢蝶不好直接拒絕。

「好，如果你決定一起回去，我們等你考慮一個月；超過一個月，我們就不等囉！」

「父子之情」撼動心弦

周夢蝶的「考慮」，敷衍的成份居多。不過，沒多久，收到二姊丈的一封家書，提到他的大兒子榮西身體情況不佳，中風已有兩年，雖然輕微，仍可行動，但仍希望若有機會，周夢蝶能返家一探。二姊丈在信中特別加了一句話：「父子之情」。

這四個字有若暮鼓晨鐘，周夢蝶閱信之後心緒盪漾。他找到高、杜二老，告以情況。他們也很夠朋友，馬上催著周夢蝶趕辦手續證件，「早點辦好，早點出發」。

在高、杜二老的陪伴下，一路躦行趕路，終於趕回家了。

回到離開已有四十九年之久的家鄉，因爲大雨，在女兒喜鳳家先住了三天，這三天算是此行中較爲愉快的時光。後來見到了榮西一家人，榮西雖然中風數年，但還能走路、說話、行動，只是他和父親一樣，拙於表達，所以他們終究沒有出現情緒激動的場面，只是淡淡的閑話家常。

在朋友的熱心建議下，周夢蝶決定把兒子送往醫院，藉著現代醫學的力量，醫療他的痼疾。沒想到榮西進了醫院，就沒能出來。

爲了照顧兒子，周夢蝶最後的一個多星期，就住在醫院旁邊的一個賓館中，他每天都固定去探望兒子。有一天，醫院忽然緊急通知他，榮西病危，群醫束手，他在電話中哀求醫生，全力搶救這個唯一的兒子，一面趕緊趕往醫院。等到趕到時，兒子已經去了。

在家鄉待了五十多天，期間雖然有一些親友來會面，但他掛念在醫院的兒子，既無心情吃，睡也睡不好。他的侄子，很擔心的對他說：「我不擔心棠西，倒是擔心你的身體！」周夢蝶自忖，自己的體力和精神，都在既倒的邊緣。因此，當辦完喪事，大伙兒勸他先回台灣休養時，他也就從善如流了。

短短五十多天的歸鄉旅程，始於探視親人的關心及急切，卻終於親手葬了要探視的人，縱然周夢蝶精研佛法，看透世情，但情何以堪。匆匆的葬了棠西，告別了親友鄉人，周夢蝶還是回到了繁華浮囂的台北，把自己再次的隱藏起來。

在返鄉之行中，周夢蝶自始至終都表現得十分堅強，「我沒流一滴眼淚！」難怪，返台後他大病了一場。

返鄉之行不言悔

周夢蝶說：「返鄉前一直在想，此行是對？還是錯？現在看來，決定回去，決定下得愚蠢。不過，錯都錯了，我不後悔！」

對於此次的大陸之行，老朋友中十個有九個贊成他回家看看。唯有作家柏楊的夫人張香華可說有先見之明。她並不贊成周夢蝶返鄉。所持的理由是：

「周先生回去會受不了！」

「見怪不怪，我有準備」，周夢蝶心裡不太服氣。

張香華回了一句，眞貼切：

「準備也沒用！」

回到台灣個把月，周夢蝶就獲得了國家文化藝術基金會頒發的國家文化藝術獎。

來台後第一次流淚

一九九七年九月卅日，周夢蝶穿著新袍子，坐在從淡水開往台北的公車上，準備去參加當晚在凱悅飯店舉行的第一屆「國家文化藝術基金會文藝獎」（以下簡稱「文藝獎」）頒獎晚會。

「致詞時，我該講什麼呢？」

周夢蝶的心中，正在構思晚上上台接受獎座時，應發表的談話。在東想西想的過程中，顚沛流離的一生，好像跑馬燈似地從眼前一一掠過。在一連串的形影中，「母親」的影子，突然明晰了起來。

「我是忽然想到『揚名聲，顯父母』這句話，如果我的母親還活著，今天能夠看到我得到這個象徵榮譽的獎，心裡不知有多高興哪！」周夢蝶在車上，想到了母親，兩行淸淚汩汩而下，流了滿臉。這是周夢蝶來台近五十年來，第一次流淚。

公車上其他的乘客，看到一位七十多歲的老先生，好端端地忽然哭了起來，都不免大感詫異，不知這位老先生是身體不舒服，還是碰到了什麼意外？周夢蝶也發現了其他乘客的好奇眼光，趕快從皮包中拿出隨身攜帶的毛巾，胡亂地將臉上的淚痕抹乾。

到了會場，自有一番人情招呼及忙亂。周夢蝶爲了準備上台講話，顧不得再多和朋友聊天，找了一個角落端坐，開始打腹稿。

國家文化藝術基金會副執行長古蒙仁是周夢蝶的舊識，他告訴周夢蝶，得獎後發表感言的時間是兩分鐘。

揚名聲以顯父母

周夢蝶上了台，接過了「文藝獎」獎座。他開始講話：

「我的時間很少，只有兩分鐘，我只有長話短說。

在我的記憶中，從小到大，很少有像現在這樣風光過，胸前還有一朵花，讓我感覺時光倒流了六十年，我好像只有十七歲。」

說完這段話，台下掌聲和笑聲迭起，周夢蝶突然有飄飄然的感覺。在輕鬆的開場白後，周夢蝶的情緒逐漸激動：

「我最近常常夢到我的母親。」

因爲鼻酸，他停頓了一下，

「我是個遺腹子，母親爲了教養我，吃盡了千辛萬苦。有時午夜夢迴，覺得愧對母親。因爲她對我的最大希望，就是『揚名聲，顯父母』。如果她還活著，應該有一〇六歲了吧！生活在台北，看我站在台上，她一定喜歡；今天這個榮譽，我有一點歡喜，情緒有一點激動，可能說不下去了！」

現場寂然，周夢蝶彎下腰來，問坐在台下的古蒙仁：「兩分鐘的時間到了吧！」

周夢蝶對自己的表現並不滿意，覺得情緒激動以致有些雜亂。不過，有人告訴他，聽完他的致詞，觸動了當天出席的總統府資政孫運璿的情緒，所以他提早退席。

禍福相倚實至名歸

周夢蝶能夠得到首屆「文藝獎」的榮譽，固然是他在現代詩這塊園地耕耘多年，成果斐然所致。但能夠參與此次評選，也有一番福禍相倚的運勢。

一九九七年初，周夢蝶剛從大陸省親完畢返台，經歷喪兒之痛，大病一場，正是心情抑鬱之際，當時收到國家文化藝術基金會的一封來信，告知他已被提名爲首屆「文藝獎」文學類的候選人之一。這封信函上並稱，如果他不願被提名，可以逕行告知國家文化藝術基金會，該會將不會展開提名作業云云。

依照周夢蝶往常的個性，他多半就會去信，要求不要提名他當候選人。但當時正是他心灰意懶之時，做什麼事都不起勁，「隨你，你要提名就提名吧！」所以他並沒有當一回事，也根本記不得了。

一直到了七月，國家文化藝術基金會通知他，他贏得了「文藝獎」，他才記起這檔事。頒獎典禮當天，周夢蝶接受中視記者沈春華的採訪時，非常謙虛的表示，不知道主辦單位爲何會選他接受「文藝獎」。他並謙虛的表示：「隨便數一數，現在在台北，比我有資格的人，至少也有十個二十個之多！」

得到「文藝獎」之後，周夢蝶的「俗務」也多了起來，這倒是當初始料未及的。其中包括合作出版他本人的傳記、參加座談，他甚至還在余光中的力邀下，往高雄走了一趟，爲中山大學學生講了一場文藝座談，並擔任中山大學的「駐校藝術家」。

一向怕麻煩、生活力求簡單的周夢蝶，得了「文藝獎」，忽然發現一下子多了許多責任，有時不免抱怨一番：「早知道，一開始就應該寫信去拒絕被提名的！」

除了得到「文藝獎」的榮譽外，周夢蝶還得到六十萬元的獎金。扣了稅，還剩五十一萬元。領完獎後，有些關心他生活的朋友問他對這筆獎金有何打算，周夢蝶頗爲豪氣地說：「這有什麼好想的，這種意外之財，當然捐掉！」馬上就有一位長輩忿忿地告誡他：「你，你，你，你安分一點吧！」對周遭關心他的朋友而言，這筆獎金可以讓他維持一段時間，大家暫時不用再擔心周夢蝶的生活會有什麼困難。

大家都認爲應該屬於「被救濟對象」的周夢蝶，在七十歲時，曾獲得《中央日報》頒發的文學成就獎，並獲得獎金十萬元，他於得獎次日，悉數捐給花蓮慈濟功德會。

至於周夢蝶這次會怎麼做呢？他微笑著，不肯講答案。

◉第二章

從河南到台北

周夢蝶出生的時機並不好，
除了父親周懷清早逝外，
二十七歲就守寡的母親龔氏，
不但要照顧兩個女兒、一個兒子，
守著幾畝薄田過日子，
還要防範二叔強迫他改嫁的壓力，
可謂內外煎熬。
不過，周夢蝶的出生，
可說是周家這一支的獨根之草，
帶給了母親繼續撐下去的勇氣。

一九二一年二月十日，也就是民國九年陰曆的十二月二十九日清晨，周夢蝶在河南省淅川縣馬鐙鄉陳店村出生，取名周起述，生下來就是遺腹子。他的父親周懷清，在他出生前四個月，就因病去世，享壽僅三十二歲。

周夢蝶出生的日子，是俗稱大年夜的前一天，通常每年這個時候，是一年中休養生息，準備迎接來年的日子，其中隱隱含著蓄勢待發的勁道，出生的日子多多少少影響了周夢蝶的個性。

周家唯一的根苗

周夢蝶出生的時機並不好，除了父親周懷清早逝外，二十七歲就守寡的母親龔氏，不但要照顧兩個女兒、一個兒子，守著幾畝薄田過日子，還要防範二叔強迫他改嫁的壓力，可謂內外煎熬。不過，周夢蝶的出生，可說是周家這一支的獨根之草，帶給了母親繼續撐下去的勇氣。

周夢蝶的祖父周如楨，是前清的秀才，在河南鄉下是有頭有臉的功名人家、讀書人。周如楨娶妻三人，元配早逝，未留下子息；第二任妻子，生了三個女兒；第三任妻子，也就是周夢蝶的祖母，生了二子一女，其中老大就是周夢蝶的父親周懷淸。

周如楨秀才住在河南淅川縣馬鐙鄉的陳店村，陳店村是一個約有三十戶人家的小村落。他在陳店村的中央，蓋了堂屋，家人住在正房，東偏房是厨房，西偏房是客房，正房樓上堆滿了書。他的紅頂戴、袍服，後來就收在樓上，周夢蝶小時候在樓上找書看時，都曾見過。

周如楨並在離陳店村四華里的大周營，買了四十多畝田，僱了佃農來耕作，以所得養家。周如楨具有多方面的才能，不但飽讀詩書，而且會看病，又好打不平，碰上鄉間鄰里有糾紛，即使事不關己，都會挺身而出，排難解紛。陳店村靠著周秀才的一言一行，通常就能解決問題。如果情況較爲嚴重，周秀才還會寫狀子、打官司。因此，當地人敬之有若神明，是地方上出名的鄉紳。相對地，亦有人視他爲眼中釘。

周夢蝶的父親周懷淸是晚生子，出生時，周如楨已經四十歲，對這個大兒子自然寵愛有加。當時科舉已廢。

周夢蝶從小就聽母親傳述，父親周懷淸很有天賦，但終其一生，並沒有很高的成就，因此始終鬱鬱不得志，也因爲心情鬱悶，才會在三十二歲即撒手人寰。

不過，周懷淸之所以早死，和他吸食大煙（鴉片）的習慣不無關係。由於縱容、溺愛，四十歲得子的周如楨，從小就教會兒子吸大煙。這眞可謂「名爲愛之，其實害之」了。

家道中落

長期吸食大煙的結果，使周懷清成爲肩不能挑、手不能提，更不能從事耕、賈等生產事業。等到祖父去世後，家道就逐漸中落了。

父親周懷清去世時，周夢蝶的母親才二十九歲，但已必須負擔起全家的生活。當時中落的家道及周懷清嗜食鴉片的習慣，使家中原有的四十多畝田地，只剩不到四十畝。周懷清尚在世時，兩兄弟曾分過一次家，由於祖母偏愛小兒子，所以周懷清分到的田地比較小。等周懷清死後，所留下的田地，大概只剩了十五畝。

周懷清臨終前告訴妻子：「從現在起，田地不能再賣了！」他說，沒大煙可抽，當然苦，但田地如果賣掉，以後日子更苦。因此，他的想法是土地不賣，需要用錢時，改用當的方式來取得金錢。他告訴妻子，如果他先走一步，拿去典當的東西，「以後就交給你來贖回了！」

周夢蝶的母親力弱，家裡又只有周夢蝶和兩個姐姐，一共三個孩子，一門孤寡。分產所得的十五畝田地，統統交由佃農耕作，所得農作物再和佃農對分。扣掉稅賦後，周家所有的農作實在不多，勉強夠糊口罷了。

「長於婦人之手」

周夢蝶成了周家唯一的根苗，又有家族長子早夭的例子在先，爲了保住這支周家的香火，周夢蝶的母親十分刻意的保護兒子。周夢蝶比喻，王國維曾經形容李後主是「生於深宮之中，長於婦人之手」，而他也是「庶幾近乎」，雖非「生於深宮」，但眞是「長於婦人之手」。因爲周夢蝶從小在媽媽的保護下，是不能到外面去和別人玩的。他日常所接觸的，就是祖母、母親及兩個姐姐。

周夢蝶原來有一個哥哥，四歲就夭折了。他聽母親描述，哥哥聰明絕頂，還沒上學，就會背春聯的對子。喪子之痛使母親對周夢蝶更爲關注，而且他一出生身體就很弱，個子又瘦又小，母親深怕這個孩子長不大。

爲了怕周夢蝶和同村的孩子一起玩，一起野，帶壞了他，因此，從小母親就要周夢蝶整天待在家中。至於在家裡玩些什麼？周夢蝶已不復記憶；他所記得的，就是每天跟在媽媽的身旁，成天轉來轉去。

俗話說：「從小看大，三歲知老」。周夢蝶從小就是一付老氣橫秋的模樣，他形容自己是「天生就是一個小老頭」，而且他小時候喜著長衫，鄉人及其他小朋友都稱他做「周大先生」。

母親對周夢蝶的期望很高，管教也非常嚴格。周夢蝶說他母親「滿腦子三娘教子」、「孟母三遷」的故事，因此，雖然他一向循規蹈矩，但小時候仍免不了被「教訓過兩次」。其中一次是「背書」；另一次是母親懷疑他拿了別人的東西。

他記得，小時有一次到鄰居陳媽媽家玩，陳媽媽家有幾枚「乾隆通寶」的銅錢，周夢蝶愛不釋手，回家時手上還帶了兩枚把玩。在把玩銅錢時，被母親發現，以爲這是周夢蝶取人之物，周夢蝶被母親的怒氣嚇壞了，沒辦法回答母親的問題。她就拎著周夢蝶的耳朵，一路走到陳媽媽家，小周夢蝶的臉因疼痛及驚嚇而發白，連陳媽媽都嚇了一大跳。

這場風波最後在陳媽媽告訴周母是她把銅錢送給周夢蝶，並非是周夢蝶偷拿後，方告結束。不過，周夢蝶承認，自己早就忘記「到底是我拿的，還是陳媽媽送給我玩的！」

過度的保護，使周夢蝶養成了沉默、保守、內向的個性，他從來不會、也不願和別人起衝突，或和別人吵架。直到現在他依然故我。

母親是第一個啓蒙師

如果要細數周夢蝶的老師，眞正算起來，第一個啓蒙師應該是他的母親。

周母出自詩書之家，耳濡目染之下，對文學也略有認識。周夢蝶對母親至今記憶猶新的，是母親從小就教他背誦一些通俗易懂、且能朗朗上口的詩，像「清明時節雨紛紛，路上行人欲斷魂；借問酒家何處有，牧童遙指杏花村」。及「床前明月光，疑是地上霜；舉頭望明月，低頭思故鄉」等，音節好聽朗朗上口，很容易就記起來了。周夢蝶認爲，以後上了學堂，學做舊詩時，對詩的平仄、音韻，都能很快的掌握，「有一種先天性的敏感」，實在和母親的從小教導有關。

孩子長到十一歲，必須接受正式教育。周夢蝶被送到大舅父家，和大舅父龔龍光習字，學《三字經》及《龍文鞭影》等書，到了十三歲，再從二族兄周誠齋學四書及《詩經》等。在周夢蝶的勤學及「二哥」周誠齋的教導下，不但四書能夠從頭到尾背誦，並且逐句圈點批註。

周夢蝶會進私塾就讀，打下深厚的國學基礎及受到儒家思想的薰陶，是有一次關心愛兒前途的周母，曾向堂兄請教，如何能讓周夢蝶受教育，以後方能「揚名聲，顯父母」？和周懷清交情甚篤的這位族兄，告訴周母，科舉已廢，考秀才，求取功名的方法已不可得；當時鄉下也沒有新式的學堂，而洋學堂所教的東西是否有用？效果也不得而知。因此，比較可靠的方式，就是先接受傳統的私塾教育，把根基打好，以後再求新求變。

周誠齋就是這位堂叔的二兒子，國學根底也好。周夢蝶就在他的教導下，從十三歲到十六歲，每年把四書讀一遍，每五天作一篇文章。他的功課好，作文佳，而且少年老成，不會調皮，像個老夫子，所以並沒有太多的同學願意和他玩在一塊。

至於一般孩童常發生的吵架、打架等糾紛，周夢蝶更是從來也沒發生過。他一生不擅於處理衝突、糾紛，更不會拒絕別人，其實是從小就栽下的種子。

除了學校所受的教育外，祖屋樓上的藏書，成了周夢蝶的金銀島。在灰塵滿佈的樓上，他陶醉在《三國演義》、《水滸傳》、《紅樓夢》、《聊齋誌異》等才子佳人、鬼狐仙怪、江湖恩怨的世界裡。因此，他不但通曉四書五經，通俗文學也非常熟悉。

除此之外，周夢蝶還在這些書中找到了《唐詩》、《千家詩》這類和詩詞聲韻有關的書籍，既然性情相近，自然吟哦一番。這些從祖父樓上藏書中找到的書，相當程度影響了周夢蝶一生的行事為人。

嚮往自由自在的天地

周夢蝶從小在拘謹、保守的環境中成長，使他在外在的形體方面受到相當大的限制，但在他的心中，還是嚮往一個自由自在的天地。他在十五歲時，偷偷替自己取了「夢蝶」這個名字。

周夢蝶當時取了這個看似頗具道家思想的名字，其實卻是來自《今古奇觀》中的一篇〈莊子鼓盆成大道〉的小說，他其實當時並不十分了解「莊子」的哲學思想為何？只是喜歡這段故事所寓含的意義，加上自己剛好也姓「周」，就很自然的取了「周夢蝶」這個名字。

私塾唸完，周夢蝶考入河南省立開封第一小學就讀。由於他的程度好，讀了一個學期，隨即由三下跳入六年級下學期。小學只讀了一年，就以第二名的優異成績畢業。

周夢蝶的第一首新詩，就是在小學時完成的。題目是「春」，共四節十六行。第一節是這樣寫的：

誰也沒有看見過春，

我也是一樣的。

但，當蝴蝶在花叢中飛舞的時候

我知道，春來了！

這首詩和周夢蝶以後的作品比起來，當然十分青澀，但已顯露出詩人的特質，這首詩當時被劉姓級任老師大加稱許，刮目相看，並著令傳示全班。

因爲躲避戰亂的關係，許多學校都會暫時遷校，河南省立安陽初中也由安陽遷到河南內鄉縣赤眉城二郎廟。

周夢蝶以超快速度讀完小學學業後，再以第二十四名考入河南省安陽初中。當時，全校一共只有六班，三個年級，一個年級有兩班學生。

國學根底佳的周夢蝶，一上初中就馬上展現出國學實力。

在初中一年級上學期，學校舉行全校作文比賽，題目是「教育救國論」。結果周夢蝶以一篇工工整整的文言文，奪得全校冠軍。周夢蝶得到全校第一名，也獲得了當時任教於三年級的老師和臨軒的青睞，從此結下了一段受益終生，令他永難忘懷的師生緣。

爲了調教周夢蝶這個高徒，和臨軒利用每天休息的時間，教導周夢蝶中國古典文學中「美」的作品，包括《昭明文選》等等。

和臨軒的義務替周夢蝶補習，使周夢蝶對國學的認識更多，眼界隨之寬廣。更重要的，周夢蝶得到了被「伯樂」賞識的成就感，以及在古典文學殿堂中的滿足感。他承認，當時每天利用休息時間，到和老師的宿舍學習，成爲他一生中最美好、最快樂的一段時光。

得意之作疑爲剽竊

在初一的時候，周夢蝶並嘗試寫了一首舊體詩，是一首五言絕句，題目是「感遇」：

獨步山陰下，
濛濛曉霧深；
河落光難掩，
望斷月中人。

他最得意的，是以前並未學過平仄，但在母親小時候的教導，以及多年來讀經史子集的根底，再加上「先天性的敏感」，居然有板有眼，平仄絲毫不錯，中規中矩，國文教師孫瑞庭幾疑其爲剽竊之作。

周夢蝶並在初一時得到清寒獎學金，雖然金額不高，但得之不易。因爲德智體美四育，都不得少於八十五分。周夢蝶的學科成績不用擔心，唯一擔心的是體育項目，但他雖然體質弱，但從不生病，不請假，不曠課，又不遲到早退；體育考試是考投籃，結果他三發三中，得以「險勝」。

初一結束，到了暑假，大夥都分別返家。而周夢蝶特別多待了一個星期，向和臨軒老師學習。最後才依依不捨地收拾行裝，回到陳店村。

回到家沒幾天，母親就來和周夢蝶訴苦。由於周家的田地剩的並不多，加上一家都是女眷，必須交給佃農耕作，周家所分得的農作，還要上繳稅賦，所剩無多，「日子不好過！」周夢蝶一聽，就明白了母親的意思，家裡已經沒有辦法繼續供他出外讀書，他的學業可能要被迫告一段落了。

在家貧無以爲繼的情形下，在小學擔任教務主任的二姊丈，介紹周夢蝶去小學擔任六年級的級任老師。當老師的待遇並不好，一學期有二斗麥，二十塊銀元，僅供餬口罷了。

滿懷頹喪的周夢蝶，回到安陽初中，向校長及老師辭行及辦理休學手續，準備去當猢猻王。但校長還記得這位以文言文寫作文，得到全校作文比賽第一名的學生。經過詢問及了解後，校長說：「這樣好了，我們學校正缺個圖書館管理員，待遇和你去當小學老師差不多，你就來好了！」

周夢蝶一聽，大喜過望，但不敢馬上答應下來。他急忙返家，向母親報告此事，大家都爲他高興。學期開始，他繼續回到安陽初中，不過身份已經從學生一變爲職員了。

圖書館管理員的生活，對書獃子周夢蝶來講，正是投其所好。學校的藏書雖然不多，但因乏人管理，不免雜亂。他將每一本書都登記、分類、製作索引卡，著實費了一番功夫，才將全校的書籍整理整齊。而他在整理圖書的過程中，也得到許多快樂。

難忘的師生緣

周夢蝶與和臨軒老師的關係，也從師生關係一變爲同事之誼。相對地，他們相處的時間更長了。周夢蝶每天下了班，吃完晚飯後，就和老師一同散步，一面看著風景，一面討論文學；在這段時間中，周夢蝶受益匪淺。

然而好景不常，和臨軒老師教導周夢蝶一年多之後，必須返回河南家鄉，和妻兒團聚，結束了這段難忘的師生緣。而周夢蝶休學一年，擔任圖書管理員的工作後，又繼續學業，把初中的課業結束。並仍以二十四名的成績考入河南省立開封師範就讀。

進入師範就讀，也是周夢蝶開始和當時所謂的「新詩」接觸之始。當時五四的浪潮已席捲全中國,各家新詩如雨後春筍般冒出來,而周夢蝶在唸初中時,雖也接觸過所謂的「新詩」,但眞正產生興趣，是在開封師範就讀的時候。

在民國初年，各家新詩詩人中，周夢蝶最喜歡綠原。他認爲，像徐志摩、聞一多等人，雖然名氣大，但他們所做的新詩，在格律及音韻方面，要求十分嚴格，甚至不輸舊體詩，而失去了新詩應有的活潑。

像朱自清的新詩，在感覺上比較偏向散文的寫法，體格不太講究，又未免不太像詩。倒是綠原的詩，偏重詩的想像及興味，生動活潑，至於詩的分段、押韻，倒就不是那麼講究了。

河南省立開封師範本來校址在開封，是因爲戰亂的關係，才暫時遷到河南鎭平縣石佛寺。

周夢蝶在開封師範就讀不到兩年，日本人無條件投降，學校遷回原址。他雖然很想繼續完成學業，但家貧且母親對他倚重日深，故不忍遠離。在親友的介紹下，他前往內鄉縣的一所小學任教。一九四六年，又在老師的引介下，到一所私立中學，擔任了一年的國文老師，是該校最年輕的老師。

對於中輟的學業，周夢蝶還是希望恢復。在一九四八年，他在宛西縣十三縣總司令陳舜德先生的函介下，插班宛西鄉村師範二下就讀。卻在最後一學期剛開始時，「鄉梓失色」，學校被迫停課，周夢蝶的師範生涯終究還是未能繼續。

對妻子的虧欠之情

周夢蝶的婚姻及子女，是他最不願談的一件事。

其實，周夢蝶結婚得早。早在周夢蝶三歲的時候，就在大姑母的介紹下，和一名苗姓女子訂婚。到了十七歲，奉母命，與從小就有婚約的苗姓女子結成秦晉之好，婚後生下二子一女。

周夢蝶鮮少向人談起自己在大陸上的家庭，更少提及他的妻子，以致有許多人對周夢蝶有「終身未娶」的錯覺。不過，他承認，雖然和妻子生了三個孩子，但他和妻子之間，溝通的機會並不多，感覺上很陌生。

由於是經由媒妁之言結合，喜愛念書的周夢蝶和不識字的妻子之間，並沒有太多的交集。就他記憶所及，在別人面前，他的妻子從來沒有跟他好好的說過話，回到房間，由於家裡地方小，寡母盯得厲害，夫妻倆也少有秉燭夜話，閒話家常的機會。

在周夢蝶的心中，對妻子始終抱著一份內疚及虧欠之情。

他記得，當他二十八歲，準備隻身離家，闖過封鎖線，到漢口尋求復學的機會時，由於風險大，可能冒上生命的危險，他特地向母親解釋，取得母親的諒解；但對妻子，他卻沒有說明太多，只在天亮前，囑咐妻子要好好侍候婆婆，照料家中的三個小孩。

天亮時刻，準備動身時，忍不住再叮囑了妻子一句，卻被母親聽見，不高興的丟下一句「現在兒子就是有了老婆忘了娘」。周夢蝶說，他眼見妻子緊閉著嘴，但大顆大顆的眼淚，卻一滴一滴地從眼角流下來。在那一剎那間，他對妻子又憐憫、又疼惜，復以內疚，但他什麼都不能說，只好迅速的整裝，離家上路，滿以爲念完書就可以返鄉了。不料這一去，就是四十九年。

當年周夢蝶求學不成，反而在武昌加入青年軍，渡海來台之後。既然具有國軍的身份，爲了避免家人在家鄉受到困擾，周夢蝶一直未曾主動和家人聯絡。「就讓他們當我死掉了吧！」周夢蝶認爲，讓家人死了心，不但可以避免被共產黨扣上「欲加之罪」，而且也讓他們不用忍受等待及希望幻滅的痛苦與煎熬。所以，直到開放大陸探親，周夢蝶也都不曾試著和家裡聯絡，直到回去探親的朋友多了，才把周夢蝶的消息帶給家鄉的親友，久已斷絕的音訊重新連結起來。

投筆從戎顛沛流離

一九四八年七月，周夢蝶二十八歲。這時，他聽鄰居說，湖北漢口有中原臨時中學（附大學部），專爲收容河南流亡學生，一切費用由國家供給。這對當時困坐在家中的周夢蝶，不啻帶來一線希望。

周夢蝶除了想繼續學業外，赤焰囂張，大環境的變動也令他不安，尤其是他對共產主義的厭惡，更是令他毅然決定拋妻別子、離開母親的主要原因。

「共產主義是最荒謬的主張！」周夢蝶對共產主義的厭惡是明顯的。他記得，在河南省立開封師範就讀時，有一次從家中趕回學校，行至半途，貪看路中村莊所演出的一齣戲劇表演，劇目爲「三鼎甲」，一開頭的定場詩是：「天上星斗朗朗稀，富穿綺羅窮破衣；十指伸出有長短，樹木琳瑯有高低。」恰當地點出了共產主義的錯誤。

家裡擁有幾畝田地的周夢蝶，應該屬於共產黨眼中的「地主」之流。而共產黨當時在鄉下煽動窮人造反，也給周夢蝶帶來相當大的心理威脅。雖然他的個性向來優柔寡斷，但是他也看出，淅川淪陷，亦是遲早的事，再不走，到時情形可能更爲複雜，再不下決定，就什麼也都來不及了。

周夢蝶自忖，現在全家，包括祖母、母親、妻子、兒女，都指望著他能夠光耀門楣，至少也要擔起家庭的重任，如果能逃出去，還能留住周家的一條根。

因此，他前去向母親稟告，有關漢口有收容河南流亡學生的臨時中學，只要初中畢業的學生，可以不考試就直升高中；而有高中畢業的文憑，可以免試直升大學部；就算沒有高中畢業文憑，也可以插班就讀。

而且，根據聽來的消息，一切用度均由國家供給，不會帶給家裡負擔。他告訴母親：「共產黨不是好東西，最快半年，最慢兩年，非失敗不可！」而這個時候，他也應該讀完大學返家了。

位於淪陷區內的陳店村，曾駐有共軍部隊，但當時駐在陳店村的共軍只有兩名政工人員，並沒有戰鬥部隊，只是聽說很快就會有部隊進駐，「再不走就晚了」。除了周夢蝶之外，還有其他三位打算一起投奔漢口的朋友。

周夢蝶的母親在衡量之下，答應了他的請求，當時她和他都深信，只要再捱一段時間，周夢蝶就會回家。沒想到，此別竟成永訣，周夢蝶終究沒能再見到母親。

一夥四個年輕人，二十八歲的周夢蝶年紀最長，其他三人都不到二十歲，自然以周夢蝶爲馬首是瞻。一行人帶了輕便的行李，懷抱著對未來的夢想，周夢蝶僅攜一竹杖，兩件夾衣，及朱光潛所著之《文藝心理學》、冒辟疆的《影梅庵憶語》及蠅頭小楷日記一冊，就匆匆上路了。

四人十二天後抵達漢口，滿以爲成功近在咫尺，沒想到傳聞有誤。到了漢口才知道所謂的中原臨時中學，僅有學生一、二百名，沒有想像那麼大的規模。而所謂的由國家供給用度所需，其實不過是由社會賢達、慈善家日施薄粥兩餐，使這些流亡學生免於輾轉溝渠罷了。

我只有一條路可走

情況一下陷入窘狀，當初所設想的理想局面並不存在。四個夥伴在街頭露宿三天後，必須有所決定。在和三位同伴討論時，周夢蝶堅決地表示，「我只有一條路可走，我絕不回去！」至於其他三人行止進退，由他們自己決定。商量結果，這三位同伴，決定還是返家再作打算，四個人只得分手。臨行前，周夢蝶很愧疚地對三位同伴說：「當初離家時，曾向你們的父母保證，如果路走不通，一定負責把你們帶回去；但現在卻要讓你們自己回去了！」

周夢蝶不願返家，而且又人地生疏，不知道要往那裡去。左思右想之下，「投軍」似乎是個好主意，而且當時的熱血知識青年，投效青年軍幾乎是共同目標。因而渡江，入武昌黃鶴樓，投考青年軍二〇六師補充團。

當時在湖北武昌補充團，是隨到隨考，人數一滿一個連，就開到台灣來訓練。因此，周夢蝶在入伍時，只是早晚點名，沒有太多的出操上課。到了一九四八年冬天，部隊自武漢搭乘「江平號」至南京，當晚又搭滬杭甬線的火車至上海。

部隊在上海集結，周夢蝶等人在虹口市場打地鋪二十多天後，於一九四八年十二月二日離開上海，搭船過台灣海峽，四日於基隆登陸，再次日即編入鳳山二〇六師工兵營第三連。

詩人周鼎於其詩集《一具空空的白》中，曾爲周夢蝶七十大壽作〈壽周夢蝶〉詩一首，其中有：

周夢蝶當過兵
周夢蝶當兵
穿軍裝
打綁腿
肩上扛一桿長槍
佛看了也要爲之皺眉
周夢蝶
殺人
亦如曾參殺人

其實，於二十八歲投筆從戎，到三十五歲七月因「病弱不堪任勞」退伍，七年的軍旅歲月，周夢蝶沒殺過半個人。倒是在水土不服、心灰意冷之際，周夢蝶曾有兩次動了輕生之念，意圖以自殺解決現實的不如意，不過，終究還是因爲力怯，沒有成功。

來到南台灣的周夢蝶，每天穿著紅短褲、打赤膊、戴斗笠，出操上課。不過，一向文弱的周夢蝶，來台灣後，因水土不服，罹患瘧疾，就是俗稱的「打擺子」，忽冷忽熱，幾度瀕臨病危。

思考死亡的問題

生病的人特別脆弱。在發冷與發熱之間，周夢蝶多次思考到「死亡」的問題，他甚至覺得死亡的腳步已近。有時身體情況稍好，跟著部隊出操上課，而部隊的長官中，有人對這些生病的人並不體恤，在出操上課時，常常會語帶諷刺的罵「死老百姓」、「吃冤枉」等等，聽在周夢蝶的耳中，即使不能確定是對他而發，但仍然覺得字字句句，彷彿都是針對他而來，使他在身體的虛弱、不適外，心情顯得格外抑鬱。

好不容易身體逐漸康復，精神也較健朗。上級長官賦予他一項新任務：教書。由於軍隊素質良莠不齊，因此，挑選國學程度較好的弟兄，進行思想教育，教導具有國家、民族正義的觀念。

周夢蝶的長處得以發揮。他從文天祥的〈正氣歌〉開始教起，一向認眞的他，準備完善，講起課來自然頭頭是道，得到相當好評。〈正氣歌〉講完，接著講諸葛亮的〈出師表〉，一篇一篇的文章一路講下去。

當教官的經驗，讓周夢蝶重拾信心。在上課時，全連的官兵都得拿他當教官般尊敬，原來一些官長的刺心話聽了就不舒服，現在也不是那麼在意了。

隨著身體康復，自尊心也逐漸恢復，加上又碰上了當年在河南開封師範的老同學黃應峰，軍中的生活並沒有原來想像中的難過。黃應峰是周夢蝶在開封師範的老同學，周擅書法，而黃擅國畫，學校的壁報都是由兩人合作完成。黃應峰在台灣與老同學重逢時，已經官拜一五一團的上尉指導員，而周夢蝶仍是工兵營第三連的一個上等兵，但這並不影響兩人的感情。

一得之愚的處女作

軍中的日子，除了出操上課出任務（修橋鋪路）外，其他的時間，周夢蝶都用來進修，在這段時間，他大量閱讀各類有關西洋文學的書籍，而且，開始試著向報社投稿。

當時，軍中所訂的報紙，主要就是《青年戰士報》和《中央日報》，所以周夢蝶創作的首要投稿對象，就是這兩家報社。而他的處女作並不是新詩，而是他從日記中摘錄了幾條題爲〈一得之愚〉，於一九五二年八月二十日在《中央日報》刊出。

文章刊出的喜悅，鼓舞了周夢蝶，他開始對《中央日報》及《青年戰士報》展開進攻，尤其是《青年戰士報》當時正處於創刊時期，成功的機率特別高，幾乎是有投就中，因此他投得特別多。他的第二、三次投稿作品都是新詩，在《青年戰士報》刊出。

《青年戰士報》於一九五三年五月二十日，刊出周夢蝶的第一首新詩作品〈皈依〉：

我躺在陽光鋪滿的草坪上
張開眼
是一片碧紗籠罩的海
我把我心靈之窗
打得開開的——
讓風兒飛進來

讓雲兒飛進來

讓鳥兒飛進來

讓旗旗的春之私語飛進來……

周夢蝶最高記錄，是在一九五四年的六月二十一日，於《青年戰士報》同時刊出〈工作〉、〈灌溉〉、及〈無題〉三首詩。

周夢蝶開始從事新詩創作的第一年（一九五三），一共只在報上刊出兩首。到了次年，一共刊出了十一首之多，成長了五倍以上。其中除了〈剎那〉是在現代詩季刊刊登外，其餘全是在《青年戰士報》刊出。往後，刊出的新詩，不但在數量上持續增加，而且範圍也從兩報擴展開來，包括在現代詩壇中頗具份量的《創世紀》詩刊。

當周夢蝶忙著從事新詩創作時，以後對他影響密切的「藍星」詩社，於一九五四年三月在台北成立，發起人爲當時台北現代詩詩壇健將，包括：覃子豪、鍾鼎文、余光中、夏菁、鄧禹平、蓉子等。藍星詩社沒有信條、社章，純屬一個沙龍式的文人社團。周夢蝶、張健、吳望堯、方莘、羅門等人，後來都加入「藍星」詩社。

「病弱不堪任勞」提早退伍

周夢蝶當了快七年兵，從上等兵升到中士，除了文筆受到肯定外，對當一個軍人來說，畢竟體質還是嫌弱。部隊中照顧他的長官，勸他還是趁早退伍，去當老百姓算了。

一九五五年七月，周夢蝶三十五歲，以「病弱不堪任勞」之由在屏東退役；並於十二月底於左營正式解甲。而在南台灣當了快七年兵的他，早就想到熱鬧的台北看看了。

周夢蝶在決定退役前，第一個考慮的落腳處就是台北。台北是當時文化薈萃之地，當時他對台北的平劇、電影、書展等文化活動早就欣羡不已，問題是：他能在台北找到工作嗎？

他寫信給《青年戰士報》的副刊主編潘壽康，客氣的詢問，在台北是否可能找到一個工作。潘壽康十分熱情，一口就應承他：「沒問題！」他說，他有一個朋友在台北開書店，正需要店員，如果店員收入不豐，還可以定期爲《青年戰士報》寫寫稿，賺一點稿費。

周夢蝶一聽，一切似乎安排妥當，他領了四百五十元退役金，來到台北，展開了一段新生活。

◉第二章——

塵囂中的苦行僧

周夢蝶雖然對道家思想沒多大研究，
但擺書攤卻有老子「無爲而治」的味道，
他坐在書攤旁，
但並未拿它當個事業，
他不會守著一疊書，
招攬過往的顧客，
有時候他倒像一個老闆不在的伙計，
只管在一旁讀書、打坐、沉思，
甚至練毛筆字，
一付「願者上鉤」的架勢。

與書爲伍的日子

一生愛書、唸書的周夢蝶，早在念初中時，就曾休學一年，在學校擔任圖書館管理員，離開了軍隊之後，更與書結了不解之緣。「書」不僅是他的興趣，也成了謀生工具。

周夢蝶一到台北，第一件事就是向潘壽康報到。他按著地址，找到潘家，正是黃昏時刻，潘家人正在吃晚飯。在潘壽康的熱烈邀請下，周夢蝶在他家享用了上台北的第一餐。當夜在潘家借住一宿，第二天，就上工了。

在潘壽康的介紹下，周夢蝶來到位於和平東路，由羅雨田所主持的「四維書屋」當店員。書店除了供吃住外，每月還供兩百元零用錢。一塊工作的還有其他兩位店員。周夢蝶白天在書店當店員，或在店面忙，或到外面批書，晚上關店後讀書，倒也得其所哉。

當店員的歲月並不長，兩年後，羅雨田因負債入獄，書店不得不關門。入獄前，羅老闆還欠著幾個店員的薪水，他提議將書店中現有的書籍打四折後批給三個伙計，充當發不出來的薪水。

三個伙計一下成了老闆，可是這個老闆和以往不同，沒有店面，必須四處流竄，逐水草而居，以求餬口。慢慢地，其他兩個伙計都逐漸有了固定的地盤：一個在中華路，一個在衡陽街，他們還做了書架，小具規模，而周夢蝶則是用一塊布，包著一堆書，忽東忽西，沒有固定目標，不過比較常在武昌街及新生報、新公園這一帶。

新公園管區有一位警察，是他河南老鄉，常常看到周夢蝶在管區內擺攤子，但他也多半睜隻眼閉隻眼，盡量給他方便。大家熟了以後，他更勸周夢蝶：「老鄉，你擺在街上，妨礙交通，不如找個固定的地點，做個書架子，貼著路邊放著，也不會妨礙交通嘛！」

既然警察老鄉都這麼說了，幾經考慮，周夢蝶決定選在武昌街一段七號擺攤做生意，選在武昌街的原因之一：「武昌」是周夢蝶投筆從戎之地，自有一份感情；而另一個重要的原因，就是他擺攤的地點，正是在「明星咖啡屋」前。在台灣的五〇年代，明星咖啡屋是當時的文人墨客聚會的熱門地點，許多現代文學的火花在此迸放，醉心文學的周夢蝶，當然不會放過與明星咖啡屋交集的機會。

周夢蝶命中注定有一顆忙碌的驛馬星，常常過著顛沛流離的生活。選定武昌街為「根據地」後，周夢蝶和其他兩位伙計朋友也分手了，另行賃屋居住。在前十年擺書攤的日子中，他先後住過金山街、臥龍街及三重。

一般而言，周夢蝶每天擺書攤的時間相當固定。在初期，每天一大早，他從居處搭第一班車到武昌街，把寄在附近店鋪的書攤用具和書籍先拿出來，就開始整理擺攤做生意。中午是「旺季」，主要的顧客都是集中在這段時間。到了下午三、四點，他就收攤了。

收攤後，他會到四處去買書、找書、收購一些舊書，一直要忙到晚上。有時，他就自己去參加文藝界朋友的聚會、聽佛學講座，從事各類有興趣的活動。

紅塵中自在修行

他做生意的「生財設備」相當簡單，在剛開始時，僅有兩塊布，一堆書；兩塊布，一塊放在地上擺書，另一塊他當做坐墊。後來，他做了一個書架，書本排在書架上，書架貼牆放著，盡量不去打擾過路行人的交通。而他的座椅也從墊子升格爲一張小籐椅、一張小板凳。小籐椅還是朋友送的，但周夢蝶後來學會盤坐，常常就在台北市的塵囂中，盤腿而坐，閉目思索，彷彿在紅塵中修行。

周夢蝶雖然對道家思想沒多大研究，但擺書攤卻有老子「無爲而治」的味道，他坐在書攤旁，但並未拿它當個事業，他不會守著一疊書，招攬過往的顧客，有時他倒像一個老闆不在的伙計，只管在一旁讀書、打坐、沉思，甚至練毛筆字，一付「願者上鈎」的架勢。

有時候，朋友來訪或出外辦事，甚至和文學同好在明星咖啡屋高談闊論，回到他的書攤上，常常會發現書攤的座椅上放了一些錢，用東西壓著，這是顧客自己挑完書後，自動按著標價所付的書款。有時，顧客還會留下一張字條，向他說明拿了哪些書，付了多少錢。

而且，周夢蝶所擺的書攤與衆不同。他賣的是詩集、文學、美術作品、哲學思想論著、偶爾還有些佛經等宗教書籍。剛開始在武昌街擺書攤時，還有人要向周夢蝶買一些他不賣的書，久而久之，他的另類風格已經建立，一般來的客人多半都知道他的脾氣，有些更成爲他的朋友、讀者、甚至仰慕者。

他的書，有的是來自向書商廉價收購的盜版世界文學名著，有的是向各地收破爛的拾荒者收購他們所撿拾到、保存完整的舊書。有時候，文化界的朋友要將藏書出清，也都是周夢蝶的「貨源」。

他交往的朋友，多爲文化界人士，有時亦成爲提供貨源的對象。有一次，一位在師大教書的教授，應聘到香港去教書，留在台灣的藏書必須處理。他請周夢蝶幫忙，把那些棄之可惜，帶又帶不走的上千本藏書，一股腦兒的全交給他處理，讓周夢蝶有個把月的時間，都不用上街去收購舊書。

隨著周夢蝶的文名漸著，他在武昌街的書攤及他在塵囂中打坐的特立獨行，漸漸成爲繁華台北的一景。

上了鎖的一夜

周夢蝶有一首詩，〈上了鎖的一夜〉，是描繪他因違警而坐牢的經驗：

我微睨了一眼那鐵鎖
神色慍鬱厭悶，瞑垂著眼睛
我再仔細揣摸一回我的脊椎
瘦稜稜的，硬直直的……擎持著我
跟昨夜一樣——昨夜！夢幻的昨夜啊

我依稀猶能聞得纏留在我耳畔你茉莉的鬢香
聽，樓下十字街心車群的喧笑聲！如此
甜酣鬧熱，如此親切而又遼遠，熟稔而陌生

噫，是什麼？在一分一寸地臠割著我
髣彿扁窄了一些什麼，而又沉重了一些什麼

哦，冷！怪誕兀突而顢頇的冷
這牆壁、這燈影、這擁裹著我的厚沉沉的棉絮……

不，用不著挂牽你
你沒有親人，雖然寂寞偶爾也一來訪問你

不，明天太陽仍將出來，你的記憶將給烘乾

妳不妨對別人說「昨夜？哦，我打獵去啦……」

我再睨一眼那鐵鎖

鼾聲如縷：悶厭已沉澱，解脫正飄浮

而我的影子卻兀自滿眼惶惑地審視著我：

「你是誰？你叫什麼名字？」

逃過共產黨，當過兵，但向來循規蹈矩、奉公守法的周夢蝶，卻在擺書攤初期，因爲「流動攤販，妨礙市容」，而被台北市第五分局關了一夜。〈上了鎖的一夜〉就是敍述他在看守所待了一夜的心情，可以看出雖然只是一夜，但在心緒上，造成相當大的衝擊。

小人物的眞情相對

當時在武昌街擺地攤的攤販，除了周夢蝶外，接著而來的有賣衣服的、賣餐具的攤販，人多品雜，喧鬧不說，還妨礙了附近彰化銀行等辦公大樓的出入交通，因此招徠了警察取締。

當警察在取締攤販現場，準備把大家一一帶往第五分局時，自然不好獨漏周夢蝶，當場就有其他攤販向警察陳情：「你拘提我們就好了，你幹嘛要抓他！」賣衣服的漢子並且向警察說：「他要罰多少錢，我來出！」這時，周夢蝶馬上感受到這些來自社會底層人士的眞誠。

不過，這些抗議及提議，警察並沒有接受。一行人快要到第五分局時，別的攤販還告訴周夢蝶：「你還不溜掉？」周夢蝶當然不會溜掉。

到了第五分局，一陣忙亂，大家忙著講話，向警察申訴。周夢蝶看沒人理他，自己找了一個陰暗的角落，往沙發上一坐。周夢蝶沒理任何人，也沒人理會周夢蝶。

漸漸地，被罰的攤販一一罰錢離去，這時一位警佐看到周夢蝶，已經忘記他是爲什麼而來，「你在這裡幹什麼？」周夢蝶老老實實地說明「來意」。這位警佐歎了口氣，表示：「唉！國家應該照顧你們這些人的，現在你們還可以活動，以後怎麼辦？」周夢蝶一聽，這位警佐如此說，看來可以脫身了。

誰知同情歸同情，公事公辦，照規定應罰鍰五元，折當時的錢，一共是新台幣二十五元，不過，周夢蝶說：「我沒有二十五元！」

周夢蝶固然身上沒有二十五元，但他也擔心，如果警察隨便一抓就要這麼多，「養成習慣可不行！」他向警察坦承沒錢，警察又幫他出主意：

「你把身份證擺在這裡，再向朋友借！」

「我沒有朋友！」周夢蝶還向警察詢問：「如果沒有錢，那要怎麼罰？」

「你可以服勞役，也可以關禁閉。」

「我弱不禁風，能服什麼勞役！就關禁閉好了！關多久？」

「一晚，晚上七點進，早上七點出。」

好心的警察還特別通融，叫他回家拿棉被，他還很性格地說：

「不用！」

隨後警察搜身，怕他身上藏著刀片之類的利器，接著就領著他進到分局裡的看守所。當時周夢蝶是「昂昂然」的走進去，心中還有一點戲劇感、新鮮感。

分局看守所的面積不大，一間只有二、三坪大，右前方有一個馬桶，周夢蝶一進去就聞到臭氣沖天，看到一名男子裹著一床棉被，躺在一張光板床上。獄卒戳戳他，「把棉被分一些給這位老先生蓋！」

周夢蝶搖搖手拒絕，「不用！不用！讓他一個人蓋！」他盤腿一坐，靠著牆，就打起坐來。同牢房的男子問他：「怎麼進來的？」

「妨礙交通、市容，你呢？」

「喝酒打架！」當下兩人無語，那漢子繼續睡覺，而周夢蝶卻是思潮如湧，心緒如濤，原來「坐牢」畢竟不是想像中的容易。

這時候，獄卒端來晚飯，是一碗白飯，上面淋了一些鹽水，周夢蝶囫圇吞下，但心緒依然不定。他開始想要藉著思考來忘記外在不如意的環境。思緒有了方向，腦筋忙著思索，他開始打著一首新詩的腹稿，雖然無法睡著，但時間總算過得較快。

第二天一大早，周夢蝶就從第五分局出來。他看著外面白花花的世界，竟感覺真的和昨日的世界有所不同，而昨夜的一切，在陽光下，好像一切變得虛幻不實。

好笑的是，詩人沙牧第二天問他：「你昨天是不是去嫖去了？」

和達鴻茶莊的一段緣

周夢蝶在武昌街擺書攤的二十一年當中，固定在武昌街一段七號明星咖啡屋騎樓下販書，但住所卻是東搬西搬，在前十年中，搬了四次家，每一次都是被迫搬家，但在後十一年當中，他在晚上都是借宿在達鴻茶莊中，直到六十歲開刀住院，放棄書攤生涯，才搬離達鴻茶莊。

達鴻茶莊就在離周夢蝶的書攤不遠之處，老闆看他每天一大早趕在店家開門做生意前，就必須老遠的從三重趕到武昌街，好把寄存在「排骨大王」的營生傢伙取出來，舟車勞頓，十分辛苦。有一次，剛巧碰上葛洛禮颱風來襲，公車停開，周夢蝶有家歸不得，那天晚上是在風雨交加的街頭露宿，情境淒涼。老闆得知，就自動找上他，要他晚上住在茶莊裡。

茶莊的老闆很熱心的告訴他：「你不用那麼辛苦，到了休息時間，就把書攤的東西放在店裡，你就睡在店裡，晚上幫我看店，早上就幫我開門好了！」一切租金全免，只是晚上要幫忙照顧門戶；就這樣，他和達鴻結了十一年的緣，也因此對「茶」小有認識。

沉醉在詩的國度

北上台北，對周夢蝶最大的意義是真正的踏入了當時風起雲湧的現代詩風潮。

在軍隊時，雖然周夢蝶已在《青年戰士報》、《中央日報》和《創世紀》詩刊等出版品上發表他的新詩，但畢竟仍屬於詩壇「新秀」，當時在台北詩壇，炙手可熱的詩人是覃子豪、余光中、夏菁、瘂弦、紀弦、商禽等人。到了台北，周夢蝶才知道，詩壇是一座大花園，而他則是個剛開始耕耘的小園丁。

初來台北做書店店員時期，周夢蝶在白天工作之餘，仍埋首於詩的創作，作品除了《青年戰士報》之外，開始發現一塊新的發表園地。

當時的台北各大報副刊，雖也常會刊出新詩作品，但並不十分蓬勃。周夢蝶在偶然間發現《公論報》，每逢週四或週五，都會刊出一版的新詩，內容豐富、風格多元，這在他眼中，無異是一個可以磨練寫作技巧的大好機緣。他開始積極地向《公論報》投稿，在來台北的第三年（一九五七），他發表的詩作，有半數以上都是在《公論報》上發表的。

之後不久，周夢蝶因而結識了擔任主編的覃子豪、鍾鼎文等人。在一九五八年的詩人節，參加了由藍星詩社舉辦的詩人節慶祝大會，周夢蝶見到了心儀已久的詩人余光中，而余光中的儀表風度及談吐，都讓周夢蝶十分讚歎。在當時詩壇上，余光中可謂天王巨星，他向余光中提出向其請益詩作的要求，余光中謙和地答應了，從此結下了兩人至今大約四十年的交情。

由於和余光中等人的親近，周夢蝶也成爲藍星詩社一員。藍星詩社，是一個純沙龍式的文人社團，沒有理論或教條的束縛；「藍星」不贊同現代詩的全盤西化，主張回歸傳統，而「藍星」的作品，以抒情作風爲主，這些不但和周夢蝶的特質接近，而且也對周夢蝶的詩作不無影響。

事實上，和余光中第一次見面沒幾天，周夢蝶就登門拜訪。第一次余光中不在；第二次拜訪，余光中不但在家，而且還有一批同好，一塊高談闊論。在這一群充滿現代感的年輕人當中，穿著老氣，年齡也較大的周夢蝶，看來像個異數。他沉靜、保守、害羞，當大夥兒高談闊論時，他卻總是靜靜地坐在角落，聽著大家講話，問他意見他也鮮少發言，久而久之，大家也都習慣了。

周夢蝶的窮，大家都知道，但大家也都諒解。不過，人窮志不窮的周夢蝶，秉持著「有錢出錢，有力出力」的原則，凡是藍星詩社中需要跑腿、費力氣的工作，周夢蝶一向不落人後，大家也都見到了他的誠意。

周夢蝶成了「台北一景」

而隨著逐漸顯著的文名，及位於武昌街明星咖啡屋前的地利之便，周夢蝶在武昌街的書攤，被朋友笑稱是「台北一景」，不但在人來人往的塵囂中的打坐身影引人注意，許多文人朋友更把這個地點當做一個聯絡站。像當時仍在雜誌社工作的瘂弦，就常常得空繞到武昌街，和周夢蝶聊聊，一方面是談些生活近況，一方面是順便看他有沒有新的作品，拿來發表。

除了一些常來看他，過來聊天的朋友，還有一些是抱著「朝聖」心情的年輕學生，他們看了周夢蝶的詩，仍不滿足，還要來親炙本人，見到人之後，還要和他談談話。因此，周夢蝶的小書攤生意未見忙碌，訪客倒是不少，他的書攤儼然成爲台北文壇的一個小聚會所。

一九五九年的愚人節，周夢蝶的處女詩集《孤獨國》由藍星詩社發行，自費出版。《孤獨國》的封面是名雕塑家楊英風的作品，共收作品四十七首，均是周夢蝶早期所發表的作品。到了一九六五年，周夢蝶出版第二本詩集《還魂草》時，附錄《孤獨國》舊作，只有二十二首。

《孤獨國》的首頁，就有下列的字句：「以詩的悲哀征服生命的悲哀——奈都夫人」，畫龍點睛地點出了周夢蝶當時的心態。不過，隨著詩集的出版及文名日著，周夢蝶逐漸引起了文學界的重視。

在這本詩集中，他留下不少膾炙人口的作品及精闢的警句，如「是誰在古老虛無裡／撒下第一把情種」、「我欲摶所有有情爲一大渾沌／索曼陀羅花浩瀚的瞑默，向無始」〈索〉，「昨夜，我又夢見我／赤裸裸地趺坐在負雪的山峰上」、「過去佇足不去，未來不來／我是『現在』的臣僕，也是帝皇」〈孤獨國〉等等。

不過，有一次一個一起擺地攤賣衣服的老鄉，常常白看周夢蝶的書籍，這一天他拿了《孤獨國》去看，「什麼是新詩？借我翻一下！」拿了就走，周夢蝶也不說破。沒多久，這位老鄉就把書給還回來，並且還大力批評了一番：「這是什麼鬼東西！你看看這一句，眞是胡說八道！」他指的是〈刹那〉這首詩中最精彩的一句：「地球小如鴿卵，我輕輕地將它拾起／納入胸懷。」他說：「說什麼地球小的像一個鴿子蛋一樣，還可以放在胸口，眞是胡說！」

亦師亦友相濡以沫

四十歲時，周夢蝶的作品大量刊載於藍星詩刊、夏濟安所編的《文學雜誌》以及文星的《地平線詩選》。在這一段時間內，他與余光中、夏菁、瘂弦、紀弦、商禽等人交遊，亦師亦友，受到相當大的啓發及影響。他在這段時間內，像海綿般地大量吸納西洋文學名著，並且更注重創作的技巧，使詩句看起來更具有現代詩的形式。

由余光中翻譯，《自由中國》所出版的第一本英譯現代詩集《現代新詩選》，於一九六一年出版，收錄了二十一位詩人的作品五十四首，其中也包括周夢蝶的作品。

以後，他還有許多作品，陸續地被翻譯成外國文字。其中包括：

●一九六二年十月，胡品清編繹的《中國當代新詩選》法文本中，就選譯了周夢蝶的作品。同年二月，由政府出版的國際文宣刊物《自由中國評論月刊》的「文學專號」，周夢蝶的〈行到水窮處〉一詩，被譯成英文。

●一九六四年，美國文學雜誌《脈絡》(*Trace*)季刊出版《中國現代詩特輯》，由葉維廉翻譯，也選了周夢蝶的作品。

到了第二本詩集《還魂草》出版後，他的作品被譯成其他文字的機會就更多了。

周夢蝶於三十九歲出版第一本詩集《孤獨國》，四十五歲出版第二本詩集《還魂草》，相隔六年，詩作更加成熟，更具內涵。《還魂草》一書使周夢蝶的聲名更爲響亮。

《還魂草》於一九六五年七月二十五日由文星書店出版，內容分爲「山中拾掇」、「紅與黑」、「七指」、「焚麝十九首」四輯，共收詩作四十七首，兩年之間又再版了一次。領導出版社於一九七八年一月二十五日重新出版，其後還將第一本詩集《孤獨國》的詩作選錄了二十二首。

由領導出版社重新出版的《還魂草》，採用了畫家席德進以周夢蝶爲模特兒所做的一幅畫爲封面。留著落腮鬍的周夢蝶，兩手環抱胸前，穿著一件黑色的長袍，圍著圍巾，閉目盤坐，身旁有幾隻銀灰色的蝴蝶，白底襯托周夢蝶的肖像更爲凸出，讓人一看就印象深刻。

這幅畫是周夢蝶難得的一幅畫，依他本來的個性，他無論如何都不可能會答應爲藝術家當模特兒的。但是席德進每天來纏他，纏到他受不了，最後只好答應去席德進的畫室充當模特兒。他只管盤坐在那兒，坐了三個上午，才算大功告成，席德進完成一幅畫，而周夢蝶則得到四百五十元。

《還魂草》堪稱是台灣六〇年代的經典詩集。由於周夢蝶在這段時期中開始認眞的學習佛去，探索心靈深處的世界，他的作品除了維持《孤獨國》以來的抒情風格外，更增添了一份對人生、禪學、佛學的探討及心得，意境深幽，例如「人在船上，船在水上，水在無盡上，無盡在我剎那生滅的悲喜上。」（擺渡船上），就有一股無法言諭的意境。

探尋佛理法喜充滿

對顛沛流離，孑然一身，無家庭之樂更無物質享受的周夢蝶而言，自小所受儒家思想已經不能夠安撫蠢蠢欲動的心靈，他有太多的迷惑；而在佛學裡，他找到了安身立命之所。

在四十六歲時初識南懷瑾，周夢蝶在南師的教導下，開始學習佛學及禪學。凡南師講經，他必然到場，風雨無阻，常常生意也顧不得做。他從南師處不但學佛，而且學會盤腿打坐，每次他一到一個地方，只要場合允許，他一定盤腿而坐，而且告訴你：「我這個盤腿是跟南老師學的！」不管是公開還是私下，他對南懷瑾的態度都非常恭敬。

除了跟隨南懷瑾探尋佛理外，周夢蝶還和佛教界著名的道源法師學《金剛經》。道源法師講《金剛經》，他就聽了好幾回，每聽一次都要兩個月的時間。如此猶不滿足，他並且買了道源講經的錄音帶，及佛教出版社所出版的道源法師講經紀錄。他沾沾自喜地說：「每聽一次金剛經，如沐久旱後的春雨」，有法喜充滿的感覺。

除了從南懷瑾、道源學習佛法外，他對佛經鑽研的更深，習佛更勤，不但佛學的書唸得多，往來的朋友也越來越多同參道友，這段時期，學佛可說成了他主要的生活重心。

學佛使周夢蝶對他自己一生所受的苦能夠心安，也相當的滿足了他探索宇宙奧秘的好奇心，使他充滿了使命感及滿足。因此，他在塵囂中的修行，旁人看了覺得苦，即使有人讚他是「今之顏回」，想必也是驚歎多過佩服，「這樣的日子他也過得下去？」但他卻能夠甘之如飴、在自己的心靈中找到一方淨土，而且一再精進修行，樂在其中。

一方面習佛，一方面周夢蝶多年經營的詩藝，慢慢地得到了報償。幾乎任何和現代詩有關的活動，都少不了他的蹤影。除了應邀參加各種詩展、詩畫聯展；他也得到了一些獎項，其中包括：

●一九六七年六月十二日，獲得中國詩人聯誼慶祝詩人節大會頒發的特別獎，時年四十七歲。

●一九六九年六月十五日，得到「笠」詩社創刊五週年暨第一屆詩獎頒獎典禮，以《還魂草》獲創作獎。

●一九七〇年，美國愛荷華大學出版，由葉維廉編譯的《中國現代詩選》第二輯「中華民國部份」，譯介周夢蝶詩作多首。

●一九七二年，美國著名漢學家白芝主編的《中國文學詩選集》第二冊，其中收錄周夢蝶詩作多首。

●一九七八年，高信生翻譯的《還魂草》英文本在美國出版，同年《還魂草》中文版，由領導出版社再版。

得獎、詩作被譯成外文、或是應邀參加詩展，都是外界對周夢蝶的肯定，雖然周夢蝶對此本來就不在意，也不是他的主要目標，不過，總是令人鼓舞。

四十歲至五十歲可說是周夢蝶創作時期的高峰，質量皆相當可觀，雖然他一向是「吟成一個字，撚斷數莖鬚」的作風，但此時期可說是詩作的盛產期。在《還魂草》出版後，周夢蝶作詩越發的謹慎，換句話說，寫成一首詩的時間越發延長。他看到來要稿、催稿的編輯就怕，因爲他無法答應在短時間內達到編輯的要求。

今之顏回

曾有不少人在談論周夢蝶時，慣常以「顏回」來形容他，雖然這個比擬不一定十分貼切，但形容其清貧狀，卻是相當寫實的。

本來擺書攤就是擺地攤當中不容易賺錢的一種，而周夢蝶又是一個最不認眞賺錢的老闆。銷路好的流行書刊、禁書、愛情、武俠小說，他不賣；賣得都是文學作品、詩集、宗教、以及哲學、美術書籍，銷路自然有限。他擺地攤也隨興的很，不招呼客人，自顧自的沉思、冥想、寫詩、練字、讀書;有文學同好來訪,可能就上明星咖啡屋聊天去了,那裡有講經,他也是一撒腿就跑,生意也不做了。長期下來,收入自然有限,稱之爲「淸貧」並不過分。

周夢蝶本來就體弱,隨軍來台,也曾一度水土不服,大病之餘,兩度想過自殺。來到台北之後,他也是東奔西跑,餐風露宿。

周夢蝶並不注重飲食,有時肚子餓,買個冷饅頭塡塡肚子也就算了,在手頭不寬裕的時候,他更是常常以饅頭裹腹。有時忙,有時不方便,他就乾脆不吃了,有一次去聽南懷瑾講經,爲了怕耽誤了上課時間,他連中飯都不吃,「少吃一頓有什麼了不起?」這句話就可以看出他對「吃」的態度,更不要說營養了。

除了寫詩之外,他在五十歲(一九七〇年)時,開始替《幼獅文藝》寫「悶葫蘆居尺牘」;自一九七八年一月起,替《聯合報》副刊寫「風耳樓小牘」專欄,都是書信體裁的散文。

生活已是忙碌,又不注重營養,「如是因,如是果」,他的身體向他發出抗議。

一九八〇年五月五日,周夢蝶因胃潰瘍、十二指腸堵塞等綜合病症,送進天母的榮民總醫院,進行一次重大的外科手術,胃割去四分之三,並於十八日上午拆線,下午出院,兩週的住院經驗,體重由四十公斤銳減爲三十七公斤,本來就瘦骨嶙峋的身軀更顯瘦弱。而他還有心情以曼殊詩句：「比來一病輕於燕，扶上雕鞍馬不知。」自我解嘲。

病後虛弱，必須作長時期調養，他搬到內湖與翻譯家徐進夫夫婦同住。武昌街擺了二十一年的書攤，不得不收拾起來，從此已被列為「台北一景」的周夢蝶，隱沒於滾滾塵囂中！

周夢蝶在給友人錢靈珠的信函中，對病後再回武昌街的感覺，有細膩的描述：

與武昌街小別未二十日，重來時，佇足悵望，低首流連，已不勝其物非人非，疑眞疑幻之感；郵箱積信盈尺，也都像是上輩子，乃至上上輩子的「誰」寄來的。好難索解，我也不過是少了幾分之幾的胃而已！何以此身此心此世界，遽而有如許可驚之不同？敢情我已非我？種種以前，從裡到外，自頂至踵，統已換過？

感傷也罷，可惜也罷，從此周夢蝶在武昌街的書攤，塵囂中修行的身影，都成為朋友心目中的記憶，及文學傳說的一部份，是再也不會回來了。

周夢蝶為了養病，搬到內湖與友人同住。內湖有山有水，從早到晚，蛙聲蟲鳴不絕於耳，讓周夢蝶確實好好的休息了一陣子。為了保養他的胃，他遵照醫生的囑咐，少量多餐，每日早晚靜坐一小時。

漂泊的「孤獨國王」

不過，就像周夢蝶常自嘲的「命中犯有兩個驛馬」，註定了漂泊的命運。住在內湖一年多，因朋友必須搬家，周夢蝶也由內湖遷到外雙溪。他的身體雖然經過一年多的調養，畢竟沒有大好，每天上午寫毛筆字，下午圈點《綠野仙蹤》、《聊齋》、《八指頭陀》、及《蒼虬閣詩》，三年後畢工，卻大病一場，幾於不治。

以後，周夢蝶又分別遷居永和（一九八六）、新店（一九八七）、再遷至淡水外竿（一九八七）、淡水紅毛城（一九九三），一九九八年七月，他又遷居新店。

不管居於何地，周夢蝶始終把自己的生活安排得好好的，倒不是他有什麼辦法去過一些外人眼中的舒適生活，而是他有辦法讓自己有很多事情做，有時看書，慢慢細細地讀；有時出外會友，到月明星稀時才歸；有時，有朋友找上門來，向他請教有關人生男女情愛種種問題，他也詳詳細細爲其解說一番；有空，吃了晚飯，到附近的田野鄉間散散步，一散一個多小時，在熟悉的橋墩上坐坐，再慢慢踱過爲荒草蔓過的野墳。反正看見值得入詩的景象，就冥記心中，回去細細地琢磨，就磨出一首又一首的佳作。

明星咖啡屋在一九八八年歇業，對周夢蝶而言，自然是不勝唏噓。大隱於塵囂二十一載的日子，隨著明星咖啡屋的結束，也逐漸淡去。不過，如同佛陀在菩提樹下悟道一樣，以後的人只記得佛陀在菩提樹下成道，至於當年的菩提樹如今安在？就不是每個人所關心的了。

自從動過手術後，周夢蝶所得的獎，包括一九九〇年《中央日報》七十八年度文學成就獎，得到獎金十萬元，本身就不寬裕的他，竟在得獎次日將所有獎金，悉數捐給花蓮的慈濟功德會。

一九九七年，國家文化藝術基金會舉辦首屆國家文藝獎選拔，周夢蝶獲得「文學類」的獎項，除了獎章外，還獲得六十萬元的獎金，扣掉稅，剩下五十一萬元。他的朋友、長輩，深恐他又「作怪」，把錢捐了出去。爲了讓大家放心，他並沒有把獎金全部捐掉。

得獎再多，寫詩讀書依舊，周夢蝶以往固定和老朋友在明星咖啡屋的聚會也照樣舉行，只是地點換成在長沙街二段四十一號的「百福奶品」。

每週三下午五點到九點，周夢蝶盤腿坐在「百福奶品」座中，舊識新友紛來寒暄，或請益文學或論詩談禪，沒人的時候，他就靜坐讀書。「孤獨國王」依然在大台北的塵囂中，我行我素的生活著。

●第四章——

生命轉折的亮光

除了本身對於文學及詩作的狂熱之外，
在每一個生命轉折的地方，
周夢蝶都能碰到開啓他視野及胸襟的良師，
他們開啓了一扇又一扇的門，
帶領著周夢蝶走入一個個深邃的世界。

不管是評論周夢蝶作品或訪談他個人的文章，幾乎都免不了會談起他深厚的舊文學根底及治儒釋道於一爐的詩作風格。余光中在探討周夢蝶詩作的〈一塊彩石就能補天嗎？〉一文中，稱他「師承中國古典詩境傳統」。而近年作品偏向於佛學探索、演繹的周夢蝶自己也承認，雖然對佛學多所嚮往，但先入爲主，本質上，他還是一個重視社會倫理的「儒家」。

十九歲才開始念小學的河南鄉下孩子，好不容易初中畢業，師範的學業也因戰亂而沒能念完，如何成爲台灣現代詩壇最具傳奇性的代表人物？

除了本身對於文學及詩作的狂熱之外，在每一個生命轉折的地方，周夢蝶都碰到能開啓他視野及胸襟的良師，他們開啓了一扇又一扇的門，帶領著周夢蝶走入一個個深邃的世界。

亦師亦友和臨軒

十九歲才進入河南省立開封第一小學就讀的周夢蝶，因爲擁有良好的古文學基礎，次年就畢業了，並於一九四〇年考入河南省立安陽初中就讀。就在那裡，他遇見了河南大學畢業、當時在安陽中學教書的和臨軒先生。

理論上，和臨軒並非周夢蝶的老師，但周夢蝶在作文比賽中顯現的才華，讓他在課餘親自調教這名嶄露文學天分的年輕弟子。

當時安陽初中每天到了下午四點，都有自由活動的時間，有的同學藉此運動遊戲，舒解疲倦的身子。而周夢蝶卻利用這段時間，來到和臨軒老師的單身宿舍，聽和老師傳授中國文學之美，直到天黑，學校開始晚自習，周夢蝶才依依不捨地離開和老師的宿舍。

和臨軒用來教周夢蝶的課本，是三李（李煜、李璟、李清照）的詞，和中國古典文學的精華——《昭明文選》。本來就對文學如飢似渴的周夢蝶，得遇良師，當然大口大口地吸收，而深厚的古文根底，加上對文學音韻的敏感，讓他學來更有事半功倍的快樂。後來回憶這半年中師生相處的時光，他曾說：「這一段時間是我最快樂、最甜蜜的時光。」

學期結束了，大家都回家過暑假，而周夢蝶還捨不得就此回家，繼續留在學校，同和臨軒老師又盤桓了一個禮拜，才收拾行裝返家。

暑期結束，學校開學，周夢蝶因爲家貧原擬休學，但由於校長的垂愛，從原來初中一年級學生的身分，一變爲安陽初中圖書館的管理員。而他和老師的關係，也從師生一變而爲同事之誼了。但在私下，和臨軒繼續教授周夢蝶有關中國古典文學的知識。唯一不同的是，他不必再受晚自習時間的限制，上課的時間更加拉長了。

身份改變，上課的方式也變了，變得更瀟灑、更無拘無束。晚飯後，師徒倆一塊兒散步，看到什麼就講什麼，譬如見星斗，遂吟：「星垂平野闊，月湧大江流」；看到晚炊，遂吟「平林漠漠煙如織」……使周夢蝶受益匪淺。散步結束，再回到和老師狹窄的斗室，繼續上課。

雖然周夢蝶對和老師尊敬有加，但並不表示他會盲目的崇拜及跟隨老師的意見。有一次讀到《文選》中曹丕的一篇文章，其中一句：「景風扇物。比來，尚有所述造不？」周夢蝶覺得和老師的斷句不對，而且唸的音也有偏誤，當場就請教老師。老師聞之動容，仔細檢視，方才發覺是自己念錯了，他不無感慨的稱讚周夢蝶：「你的心很細呵！」

他並歎了一口氣，看著周夢蝶說：「教書多年，總算到現在才有『得天下英才而教之』的樂趣；可惜！下學期我就要辭職回家了。」雖然強自按奈，但和臨軒還是忍不住對愛徒流露依依不捨之情。

世事多變依依不捨

和臨軒老師的情緒，感染了周夢蝶。對他而言，這一消息，不啻晴天霹靂。他一方面感動和老師坦白地表露出對他的重視，這是以前從來沒有過的；另一方面，從未見過父親的周夢蝶，在接受和老師的個別指導中，也潛意識地把當時四十八歲的和老師，當做一個可依可親，類似父親的對象來親近。而這一切，都將隨著和老師的辭職，成爲一場泡影。

周夢蝶得知老師要去職，雖然內心激動、焦灼，各種念頭紛至沓來，如海潮翻騰，激動得不得了，但拙於口才，卻一句話都說不出來，只是站起身子，手扶著桌角，全身發抖，睜大了眼睛，瞪著和老師，兩道鼻血在不知不覺中緩緩流出，卻仍然是一言不語。

看到了愛徒的激動神態，和老師忍不住兩行清淚，兩人一個流血，一個流淚，不知過了多久，和老師回過神來，拿了自己的毛巾，替愛徒把鼻血擦淨；自己也把淚痕擦乾。兩人均有千言萬語，但都不知道該如何說，默默相對而已。

到了學期結束，和臨軒老師終究辭了教職，返回家鄉。周夢蝶雖休學一年，但他還是在一九九四年從安陽初中畢業，並考入河南省立開封師範。只是從此以後，再也沒有和臨軒老師的任何訊息。

以文學而論，和臨軒老師是帶領周夢蝶跨入中國古典文學之美殿堂的嚮導及良師；但在心理上，身爲遺腹子的周夢蝶，受到與父親年齡相仿（周父若在世，應爲五十三歲，而和老師四十八歲）的成年男性的關懷及照拂，難免心有所感，甚至將對父親的崇拜及感情，投射到和老師身上，亦是人之常情。難怪七十八歲的周夢蝶在談到與老師交遊的一段往事時，不勝唏噓。

超塵脫俗天馬行空的南懷瑾

周夢蝶四十六歲時初識禪學大師南懷瑾。當時他的第二本詩集《還魂草》才剛出版，詩作正受到詩壇重視，「孤獨國王」之尊號，已成爲媒體訪問時必用的稱號。但在心境上，周夢蝶卻也是最徬徨的時期，他對世間事物的本質、哲理，滿懷疑惑、困頓。南懷瑾在此時與周夢蝶相遇，導以佛禪之學，將周夢蝶因內心焦灼、熱切，如熱氣球般膨脹的心情戳破，替他找到了佛學這道清涼的活水。

當時在武昌街擺書攤維生的周夢蝶，已在詩壇嶄露頭角，儼然是中國現代詩的重要旗手之一。但熱愛文學的周夢蝶，雖然以文學做爲抒發感情的渠道，卻無法解釋他心中對衆生萬象的各種疑問；即便周夢蝶從小就受到儒家的薰陶，做人處事仍以堅忍、自抑的價值觀，強制自己安於現狀，即所謂的「安貧樂道」，但「道」在那裡？對文學的愛好及儒家的訓練，仍無法使好深思的周夢蝶找到一個滿意的答案。

周夢蝶承認，在受教於南懷瑾之前，並不知道宇宙萬物，均有一「根」：卓木蟲魚人，看似形體不同，但都是有生有滅，而其中唯有一物是不生不滅者，亦即萬物之「根」。能了解宇宙萬物之「根」，即能成佛。南懷瑾就是教他深入佛學去尋「根」的人。

在武昌街販書期間，周夢蝶已經開始看一些有關佛學的書籍，他讀過南懷瑾的著作《禪海蠡測》。當時他的感想是：「文字好，看了過癮！」但對南懷瑾本人，卻是緣慳一面。不過，周夢蝶有一位熱心的王姓朋友，喜好佛學，也常去南懷瑾處聽經，大家都稱他做「王居士」，他知道周夢蝶欣賞南懷瑾的著作，常常慫恿他：「什麼時候帶你去聽南老師講經？」

有一天，機會到了，報上刊登南懷瑾將爲文化學院哲學研究所授課，講授《楞嚴經》，在建國北路上課，歡迎各界自由旁聽。

看到這則消息，周夢蝶當天生意也不做了，書攤一收，就按著報上的地址找去。當時報上公布的時間是下午兩點，但周夢蝶怕臨時找不到地方，耽誤了聽講時間，早早就出發了。抵達預定上課地點時，才中午十二點半。當時還沒吃中飯的周夢蝶，爲了該不該趁演講開始前去吃點東西塡塡肚子，也著實傷了一番腦筋，「那時我怕一出去吃飯，萬一找不到路回來，豈不是耽誤了聽經的時間？」周夢蝶笑著回憶：「我一想，餓一頓有什麼了不得的！」就決定餓著肚子，繼續等待南懷瑾的演講。

枯坐許久，周夢蝶終於聽到一陣腳步聲，教室走進來一個人，身量不甚高，手上拿著一本書，但行走的姿勢卻與眾不同。「他給人一種好像走路離地三尺的感覺！」周夢蝶形容初見南懷瑾的感覺是「天馬行空、目光如電」，看人一眼好像就會把人給看透似的。周夢蝶自忖：「這個人就是南懷瑾了！」

南懷瑾走進教室，沒看到學生，見到枯瘦如僧的周夢蝶，他也沒打招呼，而一向木訥的周夢蝶，也未趨前自我介紹。當時教室的前頭放了一張大桌子，南懷瑾據一端，其餘學生另聚一端，大桌子之後才設了給旁聽來賓坐的椅子。而早來的周夢蝶，爲了佔據有利地形，早就踞坐學生所坐位置的中間。

佛敎徒也抽菸啊？

南懷瑾在周夢蝶的正對面坐下來，放下書，依然沒有打招呼，卻掏出一根香菸，放在嘴上，點著火，就抽起菸來。坐在對面的周夢蝶，正尋思如何和南懷瑾打招呼，見到南懷瑾正在吞雲吐霧，突然福至心靈，張嘴問了一個問題：「佛敎徒也抽菸啊？」南懷瑾看都沒看他一眼，就回了一句：「我不是佛教徒！」

周夢蝶大窘，「我怎麼問出這麼幼稚的話？就算他是佛教徒，也沒說佛教徒不能抽菸啊？」當下不敢再說，南懷瑾也未再發一言。七位研究生及前來旁聽的人士陸續前來，南懷瑾就開始上課了。

好容易捱到中間休息時間，周夢蝶仍在咀嚼剛才聽來的微言大義。後來才到的王居士已經上前和南懷瑾打招呼，並且向南懷瑾介紹：「這就是寫新詩的周夢蝶」。南懷瑾未置可否，周夢蝶也不知他是聽到了沒有？

南懷瑾在休息時也不理會旁人。忽然，他問周夢蝶：

「你冷不冷？」

「台灣是亞熱帶，一年四季，有三季是熱的，不會冷！」

「萬一你冷怎麼辦？」

「那也是一下就過去了！」

「萬一還是冷怎麼辦？」

對於南懷瑾的關心，周夢蝶亦只有無言以對。

沉默間，南懷瑾把一進門就脫下來的一件藍色坎肩，扔給了周夢蝶。周夢蝶用手一摸，觸手輕柔溫暖，是一件絲棉的坎肩。當下心裡感動，但口中依然說不出一聲「謝謝！」只是心裡既溫暖又激動。

這一聽經，就連聽了一個月。本來預定要講的《楞嚴經》，只講了三卷，倒不是南懷瑾藏私，而是講了幾天下來，文化學院哲學所的同學跟不上進度，根本難以吸收。再改講《唯識論》，而對哲研所的同學而言，還是艱澀難懂。南懷瑾最後改講《易經》，前後共花了一個月的時間才講完。

提及南懷瑾的風度及風範，周夢蝶照例是讚不絕口。他說：「南老師治學廣博，熔儒釋道於一體，講起經來瀟灑飛揚，旁徵博引，言語生動，極其活潑，是屬於天才型的人物，但也唯有天才型的學生，才能充分領會他講經說法的奧義。」

至於他自己，聽南懷瑾講經，周夢蝶仗著從小熟讀四書五經的基礎，加上平日就常常在思索性與天道等問題，還能勉強跟得上南老師的腳步。至於知得多少，又能行得多少，那是另外一回事了。

探尋宇宙的根源

周夢蝶初次聽南懷瑾講經，仍不免艱澀，但已折服於南懷瑾的學識及功力，以後只要聽說南懷瑾有講經說法的機會，絕對不會放過，颳風下雨，一樣前往聆聽，連生意都顧不得做。他從南懷瑾處學習到如何找尋宇宙的「根」，結下了此生和佛學的因緣，也立下了向佛學裡探尋生命精義的志向。對他而言，彷佛隨著南懷瑾踏入一座寶山，南懷瑾牽著他的手，指引他何處有寶，此寶當何用。到現在，周夢蝶還在這座寶山中留連不去。

雖然周夢蝶心中對南懷瑾極度尊崇，但拘謹、木訥的個性，即使他收了南懷瑾所贈的絲棉坎肩，但並未當機立斷，提出要拜南懷瑾爲師的要求。爲什麼？其中，缺少「恰如其分」的拜師禮，也是諸多原因之一。

幸而，機會到了！一個曾受周夢蝶幫助的軍中同袍，爲了感謝周夢蝶的幫忙，特別從梨山寄來了兩簍又大又甜的梨子，這在當時可稱得上是高貴的水果。雖然有的梨子在運送過程中遭到皮肉之傷，但周夢蝶還是細心的挑選個兒大、且完好漂亮的梨，湊了一簍，馬上送到南老師的寓所。

南懷瑾看到周夢蝶送來一簍梨，初還客氣，要周夢蝶留著自己吃，周夢蝶急了，連忙推卻，「我家裡還有！」等到南懷瑾知道周夢蝶的一番苦心，亦不免動容。待周夢蝶告辭，南懷瑾親自送到門口，並且告訴周夢蝶：「你有什麼問題，隨時來找我！」南懷瑾此話一說，就是將周夢蝶收列門牆的意思了。

周夢蝶與南懷瑾的交往相當有趣。周木訥而南風趣，師生對彼此的個性都相當了解，而且能互相欣賞。

每年春節，周夢蝶照例到南老師家拜年。雖說拜年，但周夢蝶照例是不來和大家互道「恭喜」的，他到了老師家，南懷瑾一看他就知道「哦，周夢蝶來拜年了！」，周夢蝶的意思也到了。

有一年春節，南懷瑾問前來拜年的周夢蝶：

「夢蝶啊！新年新希望，你今年有什麼新希望啊？」

「什麼新希望？」

「譬如，結個婚什麼的？」

「老師，我弱不禁風，貧無立錐，結婚？天昏地暗啊！」

南懷瑾聽了，倒也沒有安慰弟子，反倒同意：

「嗯，說得也是。前程有限，後患無窮！」

一步一腳印的修行方式

雖然周夢蝶對南懷瑾滿懷崇敬，但兩人的個性及作風實在相差太多，長期下來，固然相互欣賞，但求學問之道，走的卻是不同的道路。個性樸實木訥的周夢蝶，在求知尋道的過程中，崇尚「一步一腳印」的哲學，深信透過持戒，才是適合他修行的方式。對於高遠的目標，他寧願一步一步的走去，即使你告訴他，可以搭車或搭飛機，或抄近路，但他還是寧願選擇「凡走過必留下痕跡」的方式。

而南懷瑾，在周夢蝶的眼中，卻屬於「開張天岸馬，奇逸人中龍」（陳摶句）的出格人物。而在講經說法中，不時有令人拍案叫絕的生動譬喻或警語。不過，就如同周夢蝶的感受，做南老師的學生，最好也是如南老師般的天才型人物，否則會跟不上進度。

周夢蝶曾說：一般人講經，聽者中間偶然沒注意而跳過，影響還不大，如同看電視時趁廣告時間上廁所，回頭來還多少接得上頭，不致於偏離劇情。但聽南老師上課，即使全神貫注，亦不見得能完全吸收，何況中間如果有所耽誤或遺漏，到時候「根本不知道講到那裡去了？」對反應慢、一句話都要再三琢磨的周夢蝶而言，南老師的節奏太快了些，而南老師的瀟灑「模式」，周夢蝶也是學不來的。

道源長老與金剛經

周夢蝶和台灣佛教界的道源法師所結的緣，完全在一部《金剛經》上。周夢蝶聽道源法師講《金剛經》多次，「每聽一次有一次的好處，享用不盡」，但兩人的師生關係，卻不同於周夢蝶以前兩位關係密切的老師——和臨軒及南懷瑾。基本上，周夢蝶和道源法師的關係，如他所述，是「我認得他是道源，他可不一定認得我是周夢蝶」。因為，他們雖有講經—聽經、渡人—被渡的因緣，但他們在私下，並無往來。不過，這卻無礙周夢蝶心目中視道源為佛法精義上的老師。

周夢蝶早在四十七歲（一九六七年）時，就在善導寺聽過印順法師講過《金剛經》。這是他第一次把《金剛經》全部聽完，聽完印順法師的講經後，他就拜印順為師，皈依佛教，並得賜法名為「普化」。

周夢蝶第一次聽道源法師主講的《金剛經》，是在一九六八年。當時道源年事已高，約近八十歲，在臥龍街一位居士家，每晚自七時至九時講授《金剛經》。當時仍在武昌街鬻書維生的周夢蝶，住處離道源講經處很近，走路只要一、兩分鐘的時間。

當時初初接觸佛法的周夢蝶，癮頭正大，對《金剛經》尤其有「於我心有戚戚焉」之感。《金剛經》好唸不好懂，亦不好講，再加上高齡的道源鄉音重，聲調平緩，一講經就是兩個鐘頭，若非耐心夠、韌性強，能夠集中精神心力，否則很難充分吸收其中的精義。

周夢蝶和道源同是河南人，他的鄉音，許多人很不習慣，周夢蝶聽來卻特別親切。

十二年後，等到周夢蝶有緣再次在牯嶺街一位曹姓居士家聽道源解說《金剛經》時，每段講經的時間已縮短爲一個半小時，並且還有一位仁光尼師在一旁以台語翻譯。前去聽經的周夢蝶，由於十二年來，不斷的閱讀、探索，對《金剛經》中的精闢義理，更是體會良多，受益無窮。

周夢蝶除了聽經之外，還買到一套將道源講經內容記錄下來的《金剛經講錄》，還特別買了一套道源講經的錄音帶，沒事就聽，「聽一遍有一遍的感受」。隨著年齡的增長及對佛法的研究日深，周夢蝶對道源更加佩服，心目中已將他認做，不但是經師且是人師。

道源法師圓寂時，周夢蝶從報上得知消息，並曉得道源的弟子們，準備出版紀念道源法師的紀念文集，希望諸多在家弟子能夠提供各類追思文章，周夢蝶也曾動念，想寫一點悼念的文字，但，基於「淺不識深，愚不議智」的顧慮，終於還是擱了下來。

道源對周夢蝶影響最深的，是他展示的「剛毅木訥」的道範，以及「福能攝慧，慧不能攝福」的啓示。

勤修戒定慧

和臨軒老師在周夢蝶青年時出現，一方面給了父親早逝的周夢蝶一種成年男性的關懷，並且帶領他欣賞了文學之美，使周夢蝶踏上了文學這條路子。南懷瑾老師在周夢蝶對世事、人情充滿疑惑，所熱愛的文學也無法解決其心中苦悶時，翩然出現，指引他宇宙有一個基本的道理，即是「宇宙萬物有一根」。但此根爲何？何處尋？怎麼用？慣以天馬行空之勢說禪釋道的南懷瑾，無法給拘謹、踏實的周夢蝶，一個明明白白的答案，一個肯定的途徑。畢竟，當時初窺大道的周夢蝶，離南懷瑾的境界還是太遠，太遠，太遠！

然而，道源所傳的法門卻不一樣。

道源在講授《金剛經》時，強調所有的經文都是圍繞著「安住眞心，降伏妄心」這兩個問題，要解決這兩個問題，必須要開智慧。智慧如何來？必須要修定；如何才能入定？必須要持戒。所以第一要持戒，第二要修定，第三開智慧。這也就是《楞嚴經》中所說的：「由戒生定，由定發慧」。釋迦如來說了四十九年的法，亦不出這三個字——「戒、定、慧」。

爲何這些道理，可以滿足周夢蝶的心理？周夢蝶自小孤苦，常年漂泊，居無定所，貧無立錐，又受了儒家的薰陶，想愛不敢愛，放也放不開，心中自有一部戒律。這些修行，亦暗合佛家之戒殺、盜、淫、妄等修行工夫了。

道源曾經講過自己修行的故事。道源說，他從前閉關讀《大藏經》，讀至吐血，因而覺悟：「尚無此福份，讀不了」，他就先不讀了，專心好好拜佛。每天拜佛，等於練身體，練到一心不亂，再來讀經。這個道理，就如同釋迦如來以身教傳法，著衣、持缽等等行住坐臥，都是修行的法門。

傳播界名人石永貴曾稱周夢蝶「今之顏回」，除讚其志外，也點出了周夢蝶的清苦。而這種清苦自持的生活，如果換成是持戒修行的鍛鍊，是未來能「福慧具足」的基礎，周夢蝶又有什麼不能忍受的？

雖然周夢蝶對道源滿懷崇敬，但也不免對這位「經師」有批評之處。

例如，他曾向道源請益，結果道源連正眼也未瞧他，只說：「等下我會講到！」而他常常在聽經時去得早，向道源請教，道源叫他去「查佛學字典！」這點使周夢蝶很不舒服，覺得法師未免欠缺一些人情味、親切感，在度人方面，難免造成一些阻礙。

因此，同樣有著不善與人交往問題的周夢蝶，也暗自立下一個心願：「我以後不當居士、法師則已，若我當，絕對不會像他（道源）一樣！」因此，在學佛的過程中，周夢蝶只要力所能及，絕對會耐心的替同參解釋，有時花上一、兩個小時，三、五個小時，也不厭倦。

不過，換個角度來看，這也可以算是道源法師教導周夢蝶的一課。

◉第五章——人皆樂有賢父兄也

我一定要堅持到六十歲纔走！
你說。那眼神
是以仁爲己任的眼神
死而後已的眼神
我來我睥睨我征服
亞力山大的眼神

——〈堅持之必要——光中詞兄七十壽慶〉

文字因緣骨肉深

一九九八年二月八日，周夢蝶爲了祝賀老友余光中七十大壽，特別做了一首四十四行的詩，題爲「堅持之必要——光中詞兄七十壽慶」，頭兩段是：

我要堅持到六十歲纔走！
還記否？那是三十年前
一個角黍飄香的傍晚
在川端橋下划船時
你發的豪語——

那時你大約三十八九頂多四十一二；
在紅一寸灰一寸的夕照下
扶著雙槳，眼神指向無盡遠的遠方：

我一定要堅持到六十歲纔走！
你說。那眼神
是以仁爲己任的眼神
死而後已的眼神
我來我睥睨我征服
亞力山大的眼神

這首詩，可點出周夢蝶與余光中近四十年詩友唱和的交情。

周夢蝶曾在一九九二年八月出版的《中央月刊》一篇題爲〈以詩的悲哀征服生命悲哀的周夢蝶〉專訪中，談到余光中對他的影響：「我早期的現代詩作，受余光中先生影響最大。他每每能指出我詩中的某些缺點，因他對中英文學理論懂得最多，兼又優雅，有時一言半語，都能令人疑霧頓開，終身受用不盡。」

有一次，詩人沙牧在武昌街與周夢蝶閒敘，對余光中頗有微詞。周夢蝶很火，對沙牧說：「余光中是我的老師，從今以後，你不可以在我的面前，惡意攻訐我的老師。沙牧不悅也不服，說：「他有甚麼資格作你的老師？」周說：「他有沒有資格做你的老師，我不知道。但他確有資格做我的老師！」而且立即就列舉了三項，告訴沙牧說：「在這三項中，任何一項他都可以關起門來教我三至十年！」

一、英文。

二、中文。

三、天文。

周夢蝶雖長余光中八歲，但他們第一次見面時，三十八歲的周夢蝶正從軍中退伍，在台北「四維書屋」當店員。當天的盛會，是慶祝詩人節的聚會，余光中是主角之一，而光著頭，穿著短袖襯衫、齊膝卡其短褲的周夢蝶，則是一個無名小卒。雖然覃子豪爲他介紹了幾位聞名而不識面的詩友，但他們並未多花時間和周夢蝶寒暄，女詩人林泠連看都不曾看他一眼。

當時周夢蝶在人群中看余光中演講，覺得「余光中口才好，文釆好，講起話來溫文儒雅，聲音悅耳動聽，雙眉猶如兩瓣翩翩欲飛的蝶翼。爲了配合詩人節，余光中在現場出了五個燈謎，周夢蝶猜中了三個，這是兩人的第一次交集。早就對余光中抱著「求教」心理的周夢蝶，趁著當天機會，於散會時來到余光中的面前：

「余先生，我有一些習作，想向您請教？」

余光中人倒很客氣，他告訴周夢蝶他家的地址，並告訴他每天下午三點半以後，多半會在家中，歡迎他來坐坐。

過了一週，周夢蝶向自己請了一天假，理髮、熱浴之後，專程來到廈門街一一一巷的余宅。傭人出來應門，余光中不在家。過了幾天，周夢蝶再試一次，這次他不敢早來，直到下午五點多才到余宅敲門，應門的正是余光中本人。

除了連說歡迎之外，還告訴他，剛好當天有一些詩人朋友，如夏菁、吳望堯、上官予等，正要來余家聚會。周夢蝶一聽就要告辭，但余光中說不必。說並沒什麼要緊的事：說不過是聊一些永遠聊不完的話題，可以說很重要也可以說很不重要的話題——詩——而已，而已。

這是周夢蝶有生以來第一次參與所謂的「雅集」。

客人陸續來到，大家高談闊論，而周夢蝶只是拘謹的坐在一旁，一言不發的聽著大家的意見，讓他吃東西、啃西瓜，他也敬謝不敏，推說胃弱。到了九點多，客人一一散去，最後只剩了周夢蝶一人。

應付完客人，余光中已略現倦容，但周夢蝶不願錯過千載難逢之機會，已顧不得余光中精神不佳，將手中已準備好的近作〈讓〉和〈消息〉之一，之二拿出來，請余光中指點。

余光中看完後，思索了一會兒，就委婉中肯的告訴周夢蝶他的意見。其中有貶有褒，有期許，有箴規。且將「詩」之所以爲詩，「現代」之所以爲現代，多所演繹、發揮。皆周夢蝶生平聞所未聞，心領神會，大有「聽君一席話，勝讀十年書」的快慰與滿足感。

從此之後，周夢蝶一有新作，都登門向余光中請教，並經常參加在余家的詩人聚會，聽詩友們高談闊論現代詩種種。在這段時間中，周夢蝶對現代詩的觀念及詩作風格，都受到余光中相當大的影響。

余光中給周夢蝶的意見，就是要他注重現代詩的「技巧」。在這之前，周夢蝶在這方面，很顯然的並不十分在意，也不擅長。而余光中等這些現代詩的旗手，卻是十分講究的。

周夢蝶每次拿詩作請余光中指點，余光中也直接地提出自己的意見，那裡好，那裡不好。而周夢蝶也從善如流，亦步亦趨，唯余光中的馬首是瞻。這期間的詩作，如〈霧〉、〈三月〉、〈五月〉、〈垂釣者〉等等，風格和以往不同，注重技巧的痕跡相當明顯。最後連並無深交的詩友Z君和C君，都對周夢蝶提出警告，說什麼「別人重要，自己更重要」之類的古怪的話來。

走出自己的風格

余光中先生雖然「循循然善誘人」，但不自以爲是，強人以同己。周夢蝶說。有一次，他把他的新作〈再來人〉面呈余光中，請他評正。余光中看了，提出了許多修正意見之後，卻睿智而溫婉的笑了，說：「但，這樣一改，就是余光中的，而不是周夢蝶的詩了！」

有一次，周夢蝶寫了一首詩，寫定之後，無意中發現其中第二段很像余光中，第三段則很像夏菁。他拿了這個作品，分別向余、夏兩人請教，結果余光中「喜歡第二段」，夏菁則「欣賞第三段」。這個意外的有趣的發現，帶給周夢蝶猶如晴天霹靂一般的喜悅與驚動，原來詩這種東西，是很個人，很主觀的！創作如是，鑑賞和批評，亦莫不皆然。

從此，周夢蝶在自己的道路上，如臨深淵如履薄冰的走著：不敢自大、也不敢自輕。而對余光中則永遠是他心中藏之，愛之念之，畏之敬之，感佩不忘的恩師。

一九九七年，周夢蝶獲得國家文化藝術基金會所頒發的「文藝獎」。一向倦於遠遊的周夢蝶，在余光中的邀請下，乘車南下高雄，在西子灣的中山大學，和余光中聯袂舉行文學講座。

了解周夢蝶爲人的都知道，這是相當難得且不合乎周夢蝶個性的舉動，最主要就是衝著和余光中的多年交情。

至於余光中對周夢蝶的了解，也是其他朋友難以望其項背的。他所寫的〈一塊彩石就能補天嗎？——周夢蝶詩境初窺〉，周夢蝶認爲是至今寫他及他的作品的文章中，寫得最優美，最深刻的一篇。

不驕不吝談痖弦

談到痖弦，周夢蝶說：「痖弦是才子，也是英雄。而且是成功的，喜劇的。」

痖弦的成功，除了展現在詩藝術方面之外，兼擴展到生活，特別是待人接物的藝術。

成功不是從天上掉下來的，痖弦之所以有今天，據周夢蝶說，至少至少與下列：一、苦讀，二、深思，三、愛朋友，四、能知人，能下人，能用人等等這些特質是有密切關係的。

周夢蝶說，痖弦常深夜苦讀，無所不讀。史學如《史記》等，西洋文學如《包法利夫人》等，文學批評如劉西渭、郭紹虞等等。

痖弦認爲，是朋友，就該熱熱絡絡。「君子之交，淡如水」這樣的境界，也許很高，但他實在無法想像。

瘂弦跟周夢蝶一樣，是農家子弟，當過兵，逃過難，什麼苦都吃過。當他生活一度瀕臨絕境的時候，曾經有人及時伸出援手（好像是朱橋），瘂弦對此事，終身銘感，念念不忘。甚至當衆罵他「厚著臉皮，占地球一大部分」的詩友沙牧過世後，他也爲文悼念，單單因爲那人西裝口袋裡的通訊錄上，他（王慶麟）的名字赫然居第一位。

瘂弦自己是才子，是英雄。惺惺相惜。凡人有片長可採，一文一詩足稱，他都一一懸記於心，喧騰於口，在力之所及，必廣爲揄揚、汲引，量才擢用，宛如鳳雛龐士元當年。

而更更難能可貴的是：他從不以此居高，傲睨於人。《論語》有云：「如有周公之才之美，使驕且吝，其餘亦不足觀也。」

孔老夫子曾盛歎「才難」。人而有周公之才之美，已屬不可多得；有周公之才之美，而能不驕不吝，縱目斯世，殆於麟角鳳毛，萬難一遇焉。

「非肥皂」的發明者

由瘂弦，話鋒一轉，不知怎的，一下子繞到吳望堯身上。

吳望堯是個「妙人」。周夢蝶說。吳望堯有極強旺的創造力，詩思敏捷，興酣時，往往如雲湧風起，借用余光中的說法，是：「筆墨未至氣已呑。」

吳望堯的才能是多方面的。「非肥皀」的發明人就是他。

然而，「詩人是人類的兒童。」鄭振鐸曾如是說。

接著，周夢蝶講了一段發生在他與吳望堯之間，頗堪玩味的「公案」來。

藍星詩社要出詩刊，詩社成員有錢出錢，有力出力，負責向社員收印刷費的周夢蝶，這一天特別啓程到三重菜寮吳望堯的住處，向他催繳費用。當天下著大雨，周夢蝶抵達時，吳望堯正在睡大覺。

周夢蝶進了門，吳望堯睜開眼瞧了瞧，又翻身沈沈睡去。周夢蝶也不叫他，任他睡，自己在書架上取了一本《拾穗》，耐心的閱讀一篇有關「四度空間」的譯文，沒多久吳望堯醒了，下牀後，也不招呼，逕自推開側門，尿尿，尿完了，又繞過去，刷牙。刷完了，纔緩緩走過來：「咦，你爲什麼來了？」

周夢蝶說明來意，吳望堯表情冷淡，好半天，直稱他對出錢裏贊出版詩刊興趣不大，「像這樣一個賀年片似的刊物會產生什麼影響？」他說。但周夢蝶是個實心眼，跑來一趟而沒收到錢，那怎麼交代？本來想拔腿就走，又覺得不好。這時，忽然靈光一閃，一口氣向吳望堯問了四個問題：

一、何謂四度空間？

二、何謂物質不滅，能力不滅？又，兩者是否互攝，且能互變？

三、世界有末日否？若有，可不可能有第二第三第N個新世界誕生？新與舊之間爲盡同，爲不盡同？

四、人的腦細胞有多少？是否因老幼男女而有差別？

吳望堯笑了。一時兩眼放光，而且發直。忽然，他看看腕錶，說快十二點了。問周夢蝶想吃什麼，他去叫。周夢蝶說陽春麵小碗，加一個鷄蛋。吳望堯旋風一般飛出去了。麵端來之後，不是小碗，是大碗，不是一個蛋，是五個。周夢蝶建議分一半予吳望堯。吳望堯說他三餐不定時，說他現在吃不下。「吃多少算多少。吃不完，賸下來當晚飯。」約莫自下午一點起，吳望堯開始回答周夢蝶的問題，五個小時之後，四個問題，只回答了三個。吳望堯累了，說最後一個問題，留待下個月再答覆。最後，他催周夢蝶把賸下的三個蛋，和尙有微溫的麵條吃完。周夢蝶起身時，「奇蹟」發生了。吳望堯二話不說，把「印刷費」遞上。周夢蝶愕然：

「上午你不是說……爲甚麼?」

吳望堯霽月光風的笑說:「我高興!我改變主意了。」

果然鄭振鐸是對的!詩人是人類的兒童。在回家的路上,夕陽無限好的車廂中。美麗而哀愁:周夢蝶會心的微笑起來。

摯友黃應峰

周夢蝶是遺腹子,哥哥從小夭折,但他卻有一個心中視之爲「弟弟」的摯友黃應峰。黃應峰其實是周夢蝶在河南省立開封師範的同學,當年兩人都是老師心中的菁英份子。黃應峰畫的一手國畫,周夢蝶則長於文章及書法,每次學校要辦壁報,一定是找這兩個人搭檔。

抗戰勝利後,開封師範遷回原址。周夢蝶因家貧親老,未忍遠遊;黃應峰卻完成了師範的學業。兩人在台灣偶然相逢時,弱不禁風的周夢蝶是工兵部隊上等兵,在南台灣的驕陽下,打著赤膊,穿著紅短褲;而黃應峰當時則是政戰科的指導員,官拜上尉。

在台相逢,是黃應峰先認出周夢蝶。之後,幾乎每天都見面,無話不談,情同手足。

當時在工兵部隊服役的周夢蝶，爲了任務需要，常常移防。每當周夢蝶部隊調動時，不一定能通知到黃應峰，但每一次黃應峰都能循線找到。

黃應峰和周夢蝶的個性是截然不同的。周夢蝶個性內向，不善與人交往，有什麼苦也都往自己肚子裡吞，而黃應峰則一往情深，十分念舊，朋友有急難，恨不得把五臟六腑都掏出來；而且心細如髮，詼諧幽默，因此人緣很好，大家都喜歡他。

周夢蝶在武昌街擺書攤時，生活刻苦。而黃應峰那時已從軍中退伍，因師範畢業，具備教書的資格，在台灣南部的一所中學教書，代理教務主任，並且已經成了家。

有一年，快過年了，黃應峰從郵局匯了兩百元給周夢蝶。當時認識周夢蝶的朋友都知道，雖然周夢蝶生活清苦，但他是不會接受朋友幫助的。看了黃應峰寄來的錢，周夢蝶固然感動，但他還是把錢退回，寫了一封信，告訴有老婆、孩子的黃應峰，不要再寄錢來。

沒幾天，回信來了，黃應峰不但不領情，而且把錢加倍再寄回。周夢蝶當下爲難，心中卻相當激動，「唉！我錯了！我這樣做，比殺他還要使人難堪！」幾經徬徨，錢，就收下來了，而且在內心做了一項絕大的決定：「我把他當做我自己的親弟弟！」

以後幾乎每年，周夢蝶都到黃應峰的家中過年；黃應峰塞給他錢，他就拿著，也不推，也不謝，「我當用自己弟弟的錢！」孤身在台飄零的周夢蝶，總算有了黃應峰這個親情的寄託。

黃應峰對周夢蝶的事，比對自己的事還要熱心。周夢蝶得個什麼獎，他本人不當回事，而黃應峰卻當做天大的喜事，與有榮焉。

黃應峰把周夢蝶當做哥哥，使周夢蝶在台灣的孤單生活中，平添屬於家庭的溫暖色彩。

語重心長的趙惠模老師

周夢蝶在武昌街擺書攤時，有一次，在騎樓下練字的周夢蝶正要休息時，猛一抬頭，看到書攤旁有一位老者，正靜靜地看著他練字，並未向周夢蝶寒喧，也未自我介紹。這位老先生就是趙惠模老師，是周夢蝶在因戰亂遷到鎮平縣石佛寺的河南開封師範的老師之一，他並未直接教過周夢蝶，早已退休了的。

以後，周夢蝶不時就會發現這位老先生，出現在他的書攤旁，沉默的站在一旁看他練毛筆字。

直到有一天，這位老先生蹲下身來和周夢蝶說：「你今天登在聯合報的那首詩寫得很好，我看了好幾遍！」當時趙惠模就住在武昌街，離周夢蝶擺書攤的地方很近。每次他來看周夢蝶，都是蹲在書攤旁和他說話。

有一次，在開封師範的校友會聚會中，趙惠模趁著大家邀師長發言時，好好地讚揚了周夢蝶一番。他說，像周夢蝶這樣一個人，在大都會中可說是十分少有，在這麼惡劣的環境中，依然可以很專心的看書，他說：「有時候，我想和他說說話，可是看到他那麼專心，也就不好意思去打擾！」

接著，他語音輕柔地勉勵周夢蝶要「好好的寫，認眞的寫」，「社會的裁判是公道的，雖然有時候會來得遲一點，千萬不要氣餒！」他還勸周夢蝶要出詩集，「寫到夠印一本詩集，就趕快去印，也算是你的成績，至少對自己有一個交代。」

對於趙老師的關心，周夢蝶固然感念，但他並不知道趙惠模爲何如此關心他。結果黃應峰把答案找了出來。有一天，黃應峰跑來看周夢蝶，告訴他：「你知不知道，老師從前也寫過新詩？」

趙惠模以前也寫過新詩，但不知怎麼，後來就放棄了。但他並沒有放棄閱讀新詩的樂趣，別人寫得好，他就愛讀。而在他開始和周夢蝶交談前，也早就知道了周夢蝶寫詩的事。

時光流逝，周夢蝶流離顚沛，和趙老師早就失去了聯絡，「生死無常，誰也不知道今天的鞋，明天是否依舊能穿？」不過，寫詩產量不大的周夢蝶終究還是出版了《孤獨國》、《還魂草》兩本詩集，晚年還計畫再出一至兩本的詩文集。他並沒有忘掉趙惠模老師的鼓勵。

●第六章——

周夢蝶這個人

穿長袍，
已經成爲周夢蝶的標記。
比起以前穿中山裝，
或是早年由軍中退伍下來，
在夏季常穿的短褲、襯衫，
穿長袍的周夢蝶看來更像古人，
他自我解嘲的說：
「有仙風道骨的感覺。」

今之古人

看著周夢蝶走在台北市的踽踽身影，眞不知今夕何夕！

即使是酷熱的夏天，他也總是一襲長袍。這種打扮，電視上還偶爾看到，現在街頭已然少見的了。他還是保持著北方人的習慣，剃個光頭，腋下慣常夾了一把傘，手裡提著一只塞得鼓鼓的手提包。

一般而言，只要不趕時間，周夢蝶多半以公車爲主要交通工具。就連一九九七年，參加國家文化藝術基金會「文藝獎」的頒獎典禮，他還是以公車當做交通工具。只是，畢竟是上了年紀的人，一般常坐的公車路線沒問題，有時候，搭路線不太熟的公車，他沒有把握，常常自己一個人在大太陽下走了好幾站，只爲找到比較熟悉的公車。

前幾年住淡水，他上台北會朋友、辦事情，幾乎都是趕晚上十點、十一點以後的晚班車。長年累月坐下來，司機早就認識他，有時，他趕上末班車，司機還會問他：「老先生，今天比較晚哦！」

周夢蝶本來個子就小，六十歲動過手術後，體重就一直維持在三、四十公斤，最近還重了一些，有四十三公斤，至於身高，周夢蝶自己都不是很清楚。有一次，路過中華路，當時一家鋪子門口有具電腦秤，周夢蝶突發童心，跳了上去。電腦秤以語音自動報出他的身高體重：「你的身高是一百三十四・六公分，體重是四十三點六公斤，小朋友，祝你健康快樂，有空再來！」老詩人一下變成小朋友。不過，周夢蝶一直認爲這個秤壞掉了，他絕對不止一百三十四點六公分，可能是一百五十四點六公分之誤。

他以前常在武昌街的明星咖啡屋和朋友聚會，自從明星關門後，改成每週三，在長沙街的「百福奶品」和朋友會面。他和人談話，一貫地採盤坐姿勢，他喜歡一隻手抱在胸前，另一隻手繞過胸，用手掌托著腮。這種姿勢，他一坐就是一兩個小時，都不需要換腿。

周夢蝶專心聽人說話時，時時流露出一種深思的表情。他開口相當謹愼，往往一個問題，都要沉思好久，才會字字斟酌的說出來，他的河南口音依然濃，剛開始時講話的速度很慢，而且他沒有開門見山的習慣，總是慢慢地，迂迴地，導入主題。不過，話題對味，人也對味時，他就好像暖好引擎的車，一路順溜地講下去，講得興高采烈時，也會眉飛色舞，口若懸河。

從他說話的作風，可以看出這個人的外表拘謹、木訥，但其實內心熱情、柔軟。他老是說自己說話拉雜、反應慢、完全沒有口才，再加上年紀大，口齒不清，還有河南家鄉口音。同樣是說話，人家可以舌粲蓮花，但他一個題目，光前面就拉拉雜雜說了一大通，好不容易扣上主題，卻常常講得高興時，就開始野馬，一下子不知講到哪裡去。因此，他從不輕易答應演講、座談之類的邀約，以免自曝其短。他的老朋友們，也都知道他的毛病。每次邀他出席新詩類的文學座談會，總是幫他安排比較簡單的部分，免得他不自在，也避免演講或座談現場出現冷場。

一九九七年獲得國家文化藝術基金會「文藝獎」，中山大學力邀他南下高雄演講。之前，他是全力拒絕，找了一堆理由，拚命推辭，一來是他不愛演講，二來他不愛搭長途車。結果，還是他的老朋友余光中了解他，一方面以邀「老朋友」見面敍舊爲理由，一方面替他安排非正式的文學座談，由余光中先開講，談周夢蝶的詩，再由他自己來回答學生的問題。這樣的安排，才使他點頭答應。

雖然周夢蝶自稱口才不佳，但講發了興，一樣是口沫橫飛，滔滔不絕，可以想見他胸中的熱情。尤其是講到佛學、佛法，從五十二歲開始讀經學佛的周夢蝶，雖然不見得所讀的佛學經籍比別人多，但是他幾乎每部佛學書籍，都是一字一字的細讀、咀嚼，而且，他都會把自身的經歷、對周圍的觀察以及心得，與所讀的經籍一一印證，可以說是以生命去讀，配合他本身對生命的態度，感受自然深刻。

因此，談到佛經，周夢蝶可以引經據典，娓娓道來；有時他爲朋友解答佛經上的問題，一說一兩個小時，是尋常之舉。至於詩，那更不用說了，那是他一輩子爲之生、爲之死的事業，周夢蝶曾經有爲朋友講一首詩，一說五個鐘頭的記錄。

講到興致高時，周夢蝶不但口才縱橫，笑容、手勢也多了起來。當他笑起來時，拘謹木訥的周夢蝶倒像一個嬰兒，嘴角慢慢往腮邊拉，滿眼都是單純的笑意，笑得高興時，他慣常用手遮住了口，呵呵地笑著。

一襲長袍度春秋

人生在世，吃飯穿衣，不過周夢蝶對這些統統不關心。

對吃，他向來不講究。早年吃冷饅頭，有一頓沒一頓，還常常忘記吃，把胃搞壞了。一碗麵，十個水餃，咖啡館的套餐，他都不挑，唏哩呼嚕就下了肚。吃飯速度快，多半是在軍中磨出來的本事。

吃的簡單，喝的更簡單。雖然他常泡咖啡館，但最愛喝的飲料卻是白開水，他說：「白開水最有滋味！」但上了咖啡館，不能只點白開水，只好咖啡或茶的任點一樣，加很多糖。

周夢蝶對身外事不注意，儀容也不講究，藍色長罩衫上，有黑色、白色、甚至粉紅色的補丁，看得出來是單身漢的手跡。

穿長袍，已經成爲周夢蝶的標記。比起以前穿中山裝，或是早年由軍中退伍下來，在夏季常穿的短褲、襯衫，穿長袍的周夢蝶看來更像古人，他自我解嘲的說：「有仙風道骨的感覺。」他有四件長袍，一件冬天穿的，淺咖啡色，又輕又暖，是女居士葉曼送的；其他三件長袍，有兩件是朋友送的，一件蛋青色，一件淺灰色，一件深藍色，有新有舊，常換著穿。

周夢蝶從小在家鄉的時候，就習慣穿長袍，已經穿習慣了，遠渡重洋來到台灣，最後還是一襲長袍。他認爲自己人瘦、腰細，穿起長袍來比較好看，看來沒有那麼瘦削。而且，周夢蝶說，穿長袍還有一個好處，長袍口袋深，正好落在胸腹之間，不怕扒手施展空空妙手。

不過，長袍在台北，猶如周夢蝶，越來越少，已經快要絕跡了。他曾往天母榮總附近去找賣長袍的店鋪，希望能依照傳統的長袍樣式加一塊小襟。店家告訴他，現在爲了省布，長袍幾乎都是一個尺碼，而且剪裁、式樣只能粗具規模，在細緻精微處，無法做到像從前了。

他常隨身攜帶一只手提包，裡面除了一個鉛筆盒外，還放了札記本，和他正在讀的書。每次坐在咖啡館時，如果沒有朋友來，他就拿出書來，一個字一個字慢慢地讀著。

食、衣、住、行是人的四大需求，在食、衣、行三方面，他都稱得上「簡單」，至於「住」，可以稱之爲「簡陋」，頗有古顏回之風：「一簞食，一瓢飲，居陋巷，人不堪其憂，回也不改其樂。」

他在一九九八年七月遷往新店前，住在淡水紅毛城附近的眞理街四巷，環境倒淸幽，窗外面對著淡江中學的校園，林木靑翠，遠山近水，皆秀麗可觀，但他的房間卻非常的簡陋。一棟舊房子，裡面隔了六個房間，分別租給附近的學生。房間不大，約只有三坪，房租倒很便宜，半年一萬六。房間小，好在周夢蝶的東西不多，一個簡陋的鏽鐵床架，上面架了張舊木板，就是床了。一張既小又舊的書桌，都臨窗放著。一個小方几，上面放著一台十四吋的舊電視，只是因爲斷訊，電視也沒辦法看了，上面就堆了一些書報雜誌。因爲房間能坐的地方，除了書桌前的椅子外，只剩床了。

從牆壁的汚舊程度，可以看出這棟房子的屋齡不小。周夢蝶的書、雜誌、詩集、佛經、衣服，就在房間的剩餘空間中堆著，而書寫用的筆墨紙硯，就放在書桌上。房間雖小，好在周夢蝶會收拾打理，看來還滿清爽；而住戶們共用的廁所，更是陳舊不堪。

周夢蝶很懷念在搬往紅毛城之前所住的淡水外竿蓁林一帶住宅。那時他和一個朋友分租一個三十多坪大的公寓房子，地方寬敞得多，他在那裡住了六年多，算是住得比較久的地方。

外竿蓁林一帶當時還保持著田園風光，有傳統農家的三合院建築，三合院前有一個小池塘，塘中有著布袋蓮、小魚、蝴蝶、蜻蜓、青蛙之類的昆蟲，在夏天的晚上十分熱鬧。路旁的水田中都是稻禾，有白鷺鷥飛來飛去。周夢蝶每天晚上吃了飯，就慢慢的在居處附近的田園間漫步，總是繞到一處舊橋墩坐坐。而且他還爲這個橋墩寫了〈約會〉這首詩。

走在鄉間小路上，路邊繁茂的草木叢中，經常發覺一塊塊或塌或斜的墓碑，有的字跡模糊，很難辨認原來刻的字，有的勉強可以看到「河南」、「河北」的字樣，和周夢蝶的家鄉很近。周夢蝶說，以前這是一片荒塚，晚上偶爾還可以看到鬼火。他有時到台北訪友，回來晚了，下車必須穿過這片荒塚才能到家，心裡都是毛毛的，儘量走快些，免得碰到什麼不該碰到的東西。

離開外竿後，周夢蝶偶爾坐車回去走走。不過，一切都變了，荒塚已被移走，做爲新建的住宅區，只剩零落的殘塚，完全看不出當年荒塚累累的痕跡，取而代之的是新的公園及住宅大樓。周夢蝶一面看，一面歎：「變了！一切都變了！」

周夢蝶每天的生活很隨意，若和朋友約會，或是去聽經，吃喜酒，他都是早早就出門，晚上才回家；有時，就閉門在家中讀書寫字。唯一確定的，就是每週三在長沙街「百福奶品」和老朋友的固定約會。

行事向有古風的周夢蝶，對於答應的事，向來非常認眞，總是設法做到。

當年在藍星詩社時，周夢蝶因爲窮，大家特別通融讓他免繳會費，結果他自願負責跑腿收錢。他收錢相當認眞，戔戔之數，一趟收不到，再跑第二趟，總是要收到爲止。

了解他個性的朋友，也都知道要周夢蝶答應事情並不容易，但只要他答應，就會努力達成，即使他的心裡並不見得喜歡，但答應了就是答應了。

因爲這個緣故，所以他很怕報紙、雜誌的編輯，他稱之爲「畏編輯如狼，怕記者如虎」。因爲如果答應了要在何時交詩作，他就拚命想要做到，但他是那種寫詩奇慢的人，一行詩琢磨幾天、甚至幾週的事並不稀奇，如何能夠按時交卷？在這種情況下，既要守信，偏偏那廂卻又難產，實在是兩難。

周夢蝶不會拒絕人，只好用「躲」的。還好他一般都住在台北郊區，不是那麼方便找。

他每天早上，一大早就出門，在外面躲一天，到了晚上，夜幕低垂時才回家。即使在家，也不接電話，生怕被電話追蹤到。

如此小心翼翼，但通常他還是會出其不意的被逮到。因爲，「跑得了和尚，跑不了廟」，記得他每週三下午五點一定要到長沙街的「百福奶品」會文友嗎？大概每一個和他打交道的編輯都知道他這個習慣，反正時間一到，去那裡找他就是了。

爲詩人曹陽強出頭

有一次，周夢蝶爲了替老朋友曹陽出頭，平白的和詩人羅門鬧了老大一頓不痛快，得罪了羅門，也是爲了「守信」的原則。

在六十年代初期，現代詩壇有一位名喚曹陽的上尉詩人。他以上尉的軍階從軍中退伍，退伍後即以拾破爛爲生。曹陽上尉嗜酒，每日拾破爛所得一定吃光、喝光，生活十分任意。

周夢蝶和曹陽交上朋友，是因爲他非常佩服曹陽的才氣。周夢蝶作詩是「郊瘦島寒」一路，但曹陽退伍後才開始寫詩，其才氣卻是天生的，常有佳句如天外飛來，讓周夢蝶非常欽羨。曹陽每次寫詩，都是想到就隨隨便便的寫在紙上，隨便一放，也不在意是否會拿去發表。

每次看到這種情況，周夢蝶都會拿去替他在《藍星詩刊》發表。

「他具備了軍人、詩人、浪子的特質！」周夢蝶知道曹陽上尉在當兵時吃了許多苦，又欣賞他的才氣，遇到有機會，總是希望能幫助曹陽發表新作。

有一次，曹陽又寫了三首詩，周夢蝶覺得很好，就勸曹陽拿到《藍星詩刊》發表，卻被喝得半醉的曹陽拒絕了，他說：「不要！不要！如果拿去登，一首要付我三十五元美金。」當時《藍星詩刊》的詩，都是沒有稿費的。曹陽常常喝多了就亂說話，周夢蝶也不和他爭，就自己多看了幾遍，把詩句背了下來；一等曹陽告辭，就趕快把這三首詩用蠅頭小楷抄好，準備用曹陽的名義投到《藍星詩刊》去。

當曹陽和周夢蝶在談此事時，負責編務的詩人羅門也在，後來先行離去。等到曹陽離開後，羅門又回來了。周夢蝶很興奮的把這三首詩拿給羅門看，羅門也很高興說：「一次登三首！」

等到《藍星詩刊》出刊時，周夢蝶發現，原來答應的三首，只登了一首，心裡就很不高興。

當天晚上，周夢蝶見到了余光中，當時羅門也在座，周夢蝶就當場直接詰問羅門，結果羅門臉色鐵青，支支吾吾，講不出什麼話來。一旁的余光中，當時是《藍星詩社》的主要負責人之一，臉色也不好看，講了一句話：「編輯對來稿有權登，也有權不登，其他人無權過問！」當場氣氛很僵，大家都不知道該說什麼。周夢蝶知道問題在自己身上，就慢慢站起來，「像貓一樣的走了！」

回到武昌街的住處，周夢蝶自忖，雖然自己有錯，但並不是爲自己的事而憤怒，但余光中卻說得沒錯，編輯有權決定刪改及刊登，而且，自己在余光中的面前詰問羅門，對余光中及羅門都太失禮了。這一點不像周夢蝶的爲人，是因爲周夢蝶自認爲是曹陽的代表，對曹陽有責任，才會失態。

越想越不安，周夢蝶一夜都沒有好睡，他已經決定了，要去和羅門道歉。第二天一大早，大約早上五點半左右，周夢蝶已來到羅門的家門口，拚命的按門鈴，過了好一會兒，羅門和他的詩人太太蓉子才衣衫不整的前來開門，他一看到周夢蝶站在門口，驚訝地說：「夢蝶，你來幹什麼？」

周夢蝶一聽，心裡一塊大石落了地，「原來他沒生我的氣？」再看羅門夫婦的狼狽樣，才覺悟實在太早來打擾了，匆匆忙忙地道了歉，掉頭就跑，可是心裡卻是非常愉快。

行事認眞一絲不苟

一般人碰到這些狀況，大概都不會發生像周夢蝶這樣的情形。主要的原因，是周夢蝶是一個做事認眞，一絲不苟的人。

他的一絲不苟，可以從他讀書、寫字看得很清楚。周夢蝶看書，習慣在書上寫下自己的心得，並且畫下書中的重點。他畫重點是用一隻米達尺，在重點旁畫下直直一條線，而不是隨便的用筆畫畫就好。即使是在寫好的字旁邊插入幾個字，那個「插入」的符號，也都是用米達尺畫出來的。

他寫字亦是一絲不苟，工整的蠅頭小楷，在文壇亦是出了名的，許多人向他求字，一筆一劃，亭亭玉立，這且不說，他還有一個像小學生一樣的鉛筆盒，幾枝筆端端正正的放在筆盒裡。他的札記本是薄薄的一本，封面用兩個橡皮筋交叉綁成一個「十」字型，他說這是保持札記本不會亂的方法。

在讀書方面，周夢蝶更是難得的一絲不苟。一般人看書，很少人眞的是一個字一個字的讀，即使不能一目十行，一目一行或是一目半行都是很普遍的。但周夢蝶連看個《小王子》

都是一字一字的讀，更不要說需要深思熟慮的佛經等宗教及哲學書籍。所以，在他談事情的時候，引經據典，幾乎都是絲毫無差。

有一次，有一位小女孩送他一本《摩門經》，並且跟他說：「一定要看一遍哦！」周夢蝶當場答應了人家以後，眞的把一本摩門經從頭看到尾，光看還不夠，他還做筆記、眉批，好好的研究了一番——「摩門經的中譯本是三十二開本，共六十五頁，其中出現最多的是『悔改』兩字，共出現了三百三十一次。」他說，如此做的原因，是既然答應了人家，自然要守信。到現在，他還在等她回頭來查問。

一絲不苟的個性，周夢蝶自己解釋，除了來自天生的個性，主要還是後天的訓練。他在十五歲時，替自己取了「夢蝶」這個充滿道家意味的名字。但事實上，道家思想對他的影響不大，他自己都說：「基本上我的本質是儒家」，因爲，先入爲主，從小四書五經對他的影響很大。

過於堅守儒家的本質，有時候使周夢蝶有些食古不化，太過堅持，不一定很適合現代社會。像周夢蝶不喜歡交際，在人多的場合，他多半顯得拘謹、保守、甚至呆板，他不會主動參加校友會的活動，在人多的喜宴場合，他也不會主動去攀談、敬酒、道賀，因爲他覺得，自己去參加，意思就到了，何必著相。他也常自稱是「書獃子」，其實他並不是不了解自己的缺點，只是要改也不容易了。

在個性上，周夢蝶最引以爲憾的是「懦弱」。他所謂的懦弱，和一般世俗認定的「懦弱」並不一樣，而是嚴重的缺乏人際溝通技巧，尤其是和同輩的溝通，如果對方不主動，周夢蝶不知道該如何主動。這和從小生長的環境、受儒家影響、及母親嚴格的管教有關。

首先，他從小就是躲在家中，直到十一歲才上私塾，十九歲才上小學。即使在私塾和學校，他也很少和同齡的同學來往，但卻可以和老師、長輩相處愉快。如果有人主動來和他交往，就如同好友黃應峰先生，他也不會拒絕，習慣後甚至就會分享友誼。

社會是一個不斷學習的場所，周夢蝶的溝通障礙當然會逐漸改善，只是碰到事情時，他的舊習依然會出現，扮演著關鍵性的角色。例如，當有人一直纏著周夢蝶時，他多半無法拒絕，也很難和別人起衝突，或是向別人要求什麼東西，這些都需要溝通技巧。

同樣的原因，可以解釋爲什麼周夢蝶雖然是個十足的多情種子、浪漫詩人，但他卻從未採取過追求行動，僅發生了兩次「一次是錯覺、一次是幻覺」的戀情。追求愛情本來就充滿了比一般更多的溝通行爲、更強烈的溝通意志，這都不是周夢蝶所擅長的。

周夢蝶將之歸於「儒家」的影響，也不無道理，因爲儒家重視自省的功夫，並不十分注重溝通技巧。而周夢蝶在五十多歲開始學佛，這也是個性影響下，很自然的發展。佛學教我們要觀照「諸行無常，是生滅法」，要力行「持戒」、「忍辱」、「禪定」，這正是周夢蝶一向所心嚮往之，希望借以圓滿解釋他心中的疑惑及現實中的挫折。

驚人的記憶力

除了詩寫得好，周夢蝶的另一項過人之處，就是記憶力一級棒。

年近八旬，周夢蝶的記憶力還是驚人的好。記憶好，他說可能是遺傳的，因爲他母親也有很好的記憶。至於他自己，到現在都還記得母親在小時候唸給他聽的詩，教給他的歌，連當年母親的神情，他也描述得栩栩如生。

周夢蝶談起往事，五、六十年前的事，他可以歷歷如在眼前。如他在寫給老友余光中七十大壽的祝壽詩〈堅持之必要〉，其中一再引用的「我要堅持到六十歲才走」就是近四十年前，和余光中在川端橋下泛舟時，余光中在夕陽下隨口所說的六句詩。余光中自己沒記下，而周夢蝶卻幫他記下來了。

周夢蝶記往事，包括當時的場景，對方當時的神情，甚至現場所說的話、寫下的文字記載，他大概都可以記得。不過，他記得最牢的，應該是屬於文字。這一部份應該歸功於小時候所下的功夫。他在唸私塾時，每年都要把四書背一遍，小孩子記憶力好，記得牢，到了老時都還記得。

另一個能夠展現他記憶力的就是詩。例如，他在小學時所做的第一首新詩〈春天〉，他全部都記得。而在初二所做的第一首舊體詩，四句中，完整的記得三句，「河落光難掩」一句，則係「今補」。

周夢蝶對自己的詩，幾乎全都能默寫出來。對於這一點，他十分自謙，說他之所以記得牢的原因，是因爲詩的產量少，從軍中開始寫的第一首詩〈皈依〉算起，一直到一九九八年八月，所有的產量一共還不到兩百首，數量少，記住自然比較容易，如果像余光中一樣「著作等身」，要想全部記住就不太容易。

另一個原因是周夢蝶所寫的詩，幾乎每一首，每一行，都是他花了好多的時間琢磨出來的。他一向知道自己不是天才型的詩人，年輕時還有靈感飛來，一兩天寫出一首詩，但越到晚年，他寫詩的速度越發放慢了，一首詩寫上個把月、幾個月，亦是常事。詩，寫得慢，每一個字都是咀嚼再三，磨了又磨才定案，自然記得牢。

自己的詩記得牢，也不是稀奇的事，而周夢蝶連別的詩友寫的詩都可以如數家珍的一一道來，就十分難得了。

在談論文學及現代詩的話題時，周夢蝶常常引述同期詩人的詩作，甚至外國文學家的著作。他不僅是說個大概意思，而是可以把精彩的句子直接引述出來，有時他不能十分肯定自己所引的句子無誤，就會答應：「我回去查查，下次再帶（書或影印內容）給你！」沒看他隨手記下，結果下次見面，他也居然記得帶來。

另一個讓人印象深刻的是他對於佛學經書的記憶力，也是可以隨時引經據典，毫不遲疑。其實，他開始學佛時已年過半百，對一般同年齡的人來說，在人生的閱歷上可以更深入了解佛經中所說的道理；但如果提到記憶，就略爲遜色了。

他能做到此點，基本上也和記詩一樣，工夫用得深，鐵杵磨成繡花針。他對現代詩和佛學所投注的心血，是一般人做不到的，就像他的記憶力之佳，也不是普通人所能比擬的。

吃什麼桑葉結什麼繭

周夢蝶說話慢、反應慢，但還比不上他讀書和寫詩慢，尤其是寫詩。

說周夢蝶讀書慢或寫詩慢，其實並不是很公平。因爲方法不同，效果也不同。他讀書讀得慢，主要是因爲讀得深，一個字一個字的咀嚼，返觀自照，一句話可以帶動他無限的聯想，思想如脫韁之野馬。由於他想得深，自然速度快不起來。

例如，他於一九七三年至一九七七年，四年當中，所圈點的佛學典籍有《高僧傳》、《大唐玄奘法師傳》、《維摩精舍叢書》、及《天主要義》四部。四部書，除了《維摩精舍叢書》堪稱篇幅較多外，其他並非大部頭的書，但也花了他四年的時間。

至於做詩，周夢蝶就更慢了。他花了時間最長的一首詩，是於一九七六年發表於《聯合報》副刊的〈好雪・片片不落別處〉：

冷到這兒就冷到絶頂了

冷到這兒，一切之終之始

一切之一的這兒

我們都是打這兒冷過來的！
（好薄好薄的一層距離）
匆匆的行人啊
何去何從？這雲的身世
在黑暗裡，你只有認得它更清
用另一雙眼睛

生於冷養於冷壯於冷而冷於冷——
山有多高，月就有多小
雲有多重，愁就有多深
而夕陽，夕陽只有一寸！

有金色臂在你臂上扶持你
有如意足在你足下導引你；
憔悴的行人啊！
合起盂與缽吧
且向風之外，旛之外
認取你的腳印吧

往日的崎嶇，知否？
那風簑雨笠，那滴滴用辛酸換來的草鞋錢
總歸是白費的了！
路，不行不到
行行更遠
何日是歸？何處是滿天
迎向紛紛撲來的鵲喜？

「風不識字，摧折花木」
春色是關不住的——
聽！萬嶺上有松
松上是驚濤；看！是處有草
草上有遠古哭過也笑過的雨痕

這首詩，周夢蝶醞釀了至少十五年，第一次花了兩年多的時間寫成，但他並不滿意，一直想要修改，掛在心上，到了十五年後才做了再次的修改，才算滿意。前後算起來，這首詩竟花了近二十年的時間。

至於其他作品，周夢蝶說，早期開始寫詩時，完全靠靈感。靈感一閃，接著飛快下筆就是了，不注重技巧，心裡有話，直衝而出。例如《孤獨國》所收的四行（八首），都是很快就寫了。像其中的〈北極星〉是有一天吃了晚飯，出外散步，仰望天際，頓時感到孤獨，而嚮往人間溫暖，故以北極星自比。其他同時期的詩有許多都是類似的情況，周夢蝶稱之爲「無技巧可言」，可能太過謙虛，但卻不似後期的作品，卻是眞的。

以後注重技巧，更重內涵，寫詩就慢了。一首三十行的詩，寫上個把月是常有之事。例如，七十八歲時，有一次受到編輯的催逼，被逼寫兩首詩，光題目就想了十天，最後花了六週的時間才終於給「逼」了出來，於他來說，已經算是快的了。

周夢蝶喜歡用一句話描寫詩的因果關係——「吃什麼桑葉兒，結什麼繭兒」，時間花得長，慢工出細活。

若有來世做詩人否？

「詩是感情，佛是觀點」，周夢蝶從壯年寫詩，中年習佛，晚年以一副「困獸猶鬥」的精神修行，詩與佛一直是他生活中的兩大重心，不相偏廢，並企圖將兩者相輔相成。

詩與佛，這兩者在本質上相當矛盾，既相成又相斥，用情，詩文一不小心就著了文字障，詩無感情，又如何吸引人。不過，詩人周夢蝶對此種矛盾，早有心理準備，即便有來世，他也不在意繼續做「周夢蝶」這號人物。他說，佛在圓寂前，曾經講過：「愼勿求虛名，如檀自焚身」，而他這一生，爲了一點點的稱讚，一年三百六十五天就在酸甜苦辣裡打滾，天天受挫，天天越挫越勇，就像燒檀香木，希望燒完了還是香，一生也就這樣的過了。「不過如有來生，我還是會朝這方向進行！」

評論家在評周夢蝶的詩作時，不見得對他的詩有一致好評，但對周夢蝶生死許之，以詩爲宗教，以生命投入，以血肉灌溉的精神，鮮有不肅然起敬的。這也就是周夢蝶做爲一個詩人的最好歸宿，說不定，也是「解脫」。

第七章——周夢蝶的詩

謝靈運之好山水與老莊，
表現雖爲兩端，
卻出於同源，
都是企圖替胸中的凌亂悲苦找尋排解的途徑。
不同的是，
兩人的悲苦不一，
謝靈運是對現實生活中的政治不滿，
而周夢蝶是源自於內心深處的孤寂，
舖成瀰天漫地而又令人骨折心驚的悲情。

周夢蝶的詩是什麼味兒？

詩的風格是一個詩人的標記，套周夢蝶一個開玩笑的說法：「林黛玉放的屁，有伏苓霜味；楊貴妃放的屁，有荔枝味；王昭君放的屁，會有什麼味兒呢？琵琶，風沙味吧！這就是風格。」周夢蝶放的屁，又有什麼味呢？

事實上，詩的風格不但因人而異，而且因時而進。如果一個詩人終其創作生涯，始終都維持著固定的風格，也是成就有限。按照研究周夢蝶詩作風格的人士如曾進豐及他的老友余光中、翁文嫻、葉嘉瑩等人的意見，周夢蝶的詩作，從早年的《孤獨國》到八十年代的近作，「他的詩純然是抒情，所抒的大半是難能又難道之情。」（余光中〈一塊彩石就能補天嗎？〉）所抒何情？翁文嫻在《還魂草》中收錄的〈看那手持五朵蓮花的童子〉一文中說：「夢蝶先生的詩，如果要用一根線穿起來，則是字字悲苦」，這是很確切的觀察與描述。

就如同葉嘉瑩在《還魂草》中所述，中國的重要詩人，幾乎無人不苦；陶淵明、李白、歐陽修、蘇東坡、杜甫、李商隱、屈靈均、謝靈運，各有各的苦處，只是每個人面對痛苦及處理痛苦的方法不同。在這些古代詩人當中，葉嘉瑩認爲周夢蝶和「言山水而包名理」的謝靈運最相似。

謝靈運之好山水與老莊，表現雖爲兩端，卻出於同源，都是企圖替胸中的凌亂悲苦找尋排解的途徑。不同的是，兩人的悲苦不一，謝靈運是對現實生活中的政治不滿，而周夢蝶是源自於內心深處的孤寂，鋪成瀰天漫地而又令人骨折心驚的悲情。

涉及悲情，苦於孤寂，幾幾乎佔了周夢蝶四十五歲到五十五歲創作高峰期的絕大部份作品，《還魂草》和《孤獨國》中，可見到周夢蝶的悲情處處迸發。但畢竟周夢蝶的根基深厚，胸中的悲苦及感情，總需要一個舒放的途徑，爲了尋找一個安身立命的地方，他接觸儒家、道家、基督教、佛教，以解答心中的無數疑惑，於是在《還魂草》中，可以看到種種交相激盪的情緒，化爲花雨，使他在《還魂草》時期呈現多樣化的發展，美不勝收。

接觸到佛法後，周夢蝶的思想總算比較定於一尊。他自承自己略近於佛教的「淨土宗」，老老實實的持戒修行，滿腔的悲苦成爲心安理得的人性試煉場，總算找到一個正常的發洩管道。他晚期的詩作，充滿了檀香味，所謂的「法喜充滿」。

年過七旬以後，周夢蝶多年來的人生體驗、學習智慧，總算是融會貫通，雖不脫以「佛」爲「道之體」，但在表現手法上，倒有古代習佛文人的清淡飄逸，得自然眞趣的味道。他在這段時期的詩作，清淡平和，卻也不失所謂的「赤子之心」，十分難得！

周夢蝶的詩，風味如何？早期一味情苦，中期諸味雜陳而有逸氣，晚則檀香味濃，但以「情」一以貫之。周夢蝶爲第一多情種子，殆無疑問。

身爲中國現代詩壇重要的詩人之一，周夢蝶一九五三年（三十三歲）於《青年戰士報》副刊開始起步，發表第一篇詩作，一直到一九九八年（七十八歲）猶自寫詩不輟，而且越到晚年，詩作越爲精鍊，深得天人之趣。

在其長達三十五年的詩人生涯中，他共出過兩本詩集，三十九歲出版《孤獨國》與四十五歲出版《還魂草》，兩本詩集共收詩一百零五首。《孤獨國》使周夢蝶聲譽鵲起，打響了他的名號。而《還魂草》則具有多種風格，多情又有禪味，奠定了他在詩壇的地位。五十八歲時，《還魂草》由領導出版社再版，一時洛陽紙貴。但從《還魂草》之後，周夢蝶潛心佛法，詩作更精，但量則大爲減少。

周夢蝶最近計畫，把《還魂草》後的詩作及「風耳樓小牘」等書信體散文集結出書，可能是「厚厚一冊」，或者是「薄薄兩冊」，詩集的名字已有腹案：若是厚厚一冊，則將取名爲「人面石」。薄薄兩册呢？可能是「十三朵白菊花」和「約會」。

孤獨國時期的青澀苦悶

師大國文系研究所研究生曾進豐的碩士論文《周夢蝶詩研究》指出，一九五三年至一九五九年為周夢蝶詩作之「孤獨國時期」，始於在軍中發表於報章的第一首新詩〈皈依〉，終於《孤獨國》詩集的出版。

在周夢蝶長達三十多年的創作生涯當中，孤獨國時期是青澀的創作初期，主要的創作都來自生活的縮影及心中的疑惑，現實環境的困頓及心靈、肉體的孤寂，使他急欲藉著寫詩來發洩，雖然技巧尚不成熟，但感情直接的表現在字裡行間，使他這段時期的作品，總帶著強烈的感情。

當時的現代詩詩壇，除了紀弦的現代派外，就是以覃子豪、余光中為中心的藍星詩社。剛自軍中退下來的周夢蝶，但對於現代詩的寫作，仍屬於新手階段。周夢蝶自己都稱，在這段時間內，不注重技巧，心裡有話，胸中有什麼感情，都是一股腦兒的吐出。

周夢蝶在這段時期的創作，偏重在感情的發抒，技巧平直，卻表現了以中國古典文學為基礎的中國風味，加上他獨特的形象及淒苦的身世，在當時的現代詩壇，相當獨特。

周夢蝶除了本身的傳統古典風味外，在加入藍星詩社後，也與余光中等同遊，積極的改進現代詩的技巧，如加強使用矛盾的語法，造成對比，以增加詩的氣勢。這段時期他大量的吸收西洋文學及各類哲學、宗教思想，這些影響都表現在此時期的詩作中，所以有詩評稱他「好用典」，實在是無法自抑，不能不爾所致。但周夢蝶自認，在這段時期中，可能技巧仍不夠成熟，但「文以載道」的基本原則是掌握住了。他所謂的「道」，應是指生命的意義、宇宙的源起，也就是人類最根本的道理。

在孤獨國時期，他有許多首詩都提到「上帝」，諸如〈錯失〉、〈禱〉、〈晚虹〉、〈乘除〉、〈消息〉等多首，並且「十字架」、「耶穌基督」的意象，也重複出現，遠超過他以後至誠懇切依歸的佛教。一方面是周夢蝶在此時期所接受的西洋文學及思維所致，另一方面和周夢蝶從小接觸到基督徒不無關係。

周夢蝶的母親曾患眼疾，爲了求一位篤信基督教的劉太太幫忙治病，用一斗麥子「請」了一本《聖經》，一鱗片爪，由周夢蝶讀誦，解說給母親聽。

在這段時期中，「孤獨」與「悲哀」是詩作的主軸。周夢蝶在此段時期內的心態足可揣摩，一人孤身在台，家人深陷家鄉，對生命充滿疑惑與無奈，他的心情及身世，自然就發抒在詩作中。

在〈雲〉這一首詩作中，透露了他的孤獨與無奈：

永遠是這樣無可奈何地懸浮著，
我的憂鬱是人們所不懂的。

羡我舒卷之自如麼？
我卻纏裹著既不得不解脫，
而又解脫不得的紫色鐐銬；
滿懷曾經滄海掬不盡的憂患，
滿眼恨不能霑匀衆生苦渴的如血的淚雨，
多少踏破智慧之海空，
不曾拾得半個貝殼的漁人的夢，
多少愈往高遠處撲尋，

而青鳥的影跡卻更高更遠的獵人的夢，
尤其，我沒有家，沒有母親，
我不知道我昨日的根託生在那裡？
而明天——最後的今天——我又將向何處沉埋……

我的憂鬱是人們所不懂的！
羨我舒卷之自如麼？

詩很好懂，雲的感覺是舒緩自如，高高在上，不知人間疾苦的，但周夢蝶把自己的問題，一股腦兒的加在「雲」上，家人、母親、自己、根在何處……一切一切，都是詩人的悲情與沉重。

還魂草時期的多情善感

周夢蝶的《還魂草》詩集一出，馬上引起詩壇的震動。和前一本的《孤獨國》詩集相比，進步得太多了，不但文字的功夫更佳，遣詞用字更爲精確優雅，表達的意念也更爲複雜，思想也更爲深遠，而且，對「情」的描寫，更能打動人心。

不管是訪問周夢蝶的翁文嫻、亦師亦友的余光中，都直指《還魂草》是一本「情詩集」。但他解釋，不管是寫愛情、親情、友情、甚至哲理之詩，都可以稱之爲「情詩」，因爲，都是以抒情的語言來處理的。

余光中說的就更明白了：

然則夢蝶詩中那一片瀰天漫地而又令人心折骨驚的悲情，究竟爲何而起？從大多數作品看來，其主題不外是生命的觀照、愛情的得失、刹那的相知、遙遠的思慕、靈肉之矛盾、聖凡之難兼。

用情深厚而生死賴之，固然是夢蝶之所苦，恐怕也是夢蝶之所甘。除了血與淚，他似乎不知道寫詩還可以蘸別的墨水。……他的多數情詩，不論所抒是狹義的愛情或廣義的同情，都是將熱血孤注一擲而義無反顧。

余光中並拿周夢蝶和李賀相比，認爲周、李二人有許多相似之處，「兩人都清瘦自苦，與功名無緣，都上下古今欲擺脫現實的時空，都深情入於萬物而自悲悲天。」古今不同時，但兩位詩人都愛在詩中哭。

爲周夢蝶作序的葉嘉瑩稱他是一位「以哲思凝鑄悲苦的詩人」，可以媲美古代詩人謝靈運，而周夢蝶詩中的表現幾近於「自雪中取火，且鑄火爲雪」的境界，以詩來表現悲苦的情感。

周夢蝶在這段時期中，常和多位仰慕和崇拜他的女子來往，在感情上好像有所寄託，但事實上卻不然，個性的懦弱及現實的困頓，使他終究只能耽溺在對情感的幻想與渴望中。雖然曾有過愛情的錯覺及幻覺，但一切終究只是紙上談兵，並未付諸行動。

耽於情而又不能得，使周夢蝶的情詩特別純善，思慕之情，充盈欲滴，而心思的隱晦，千折百轉，更添情致。余光中說，「無論《還魂草》翻到第幾頁，讀到的永遠是寂寞。」而追究其本質，乃是周夢蝶心中的孤寂。

講到「情」，《還魂草》中的〈焚麝十九首〉中，透露詩人苦於情，而又亟欲埋葬「情」的心聲；而在以月份爲詩名的「紅與黑」輯和以五指爲意象象徵的「七指」輯，均有多首和「情」「慾」相關的詩作。

〈焚麝〉典出《紅樓夢》第二十一回。周夢蝶在〈焚麝〉的首頁引了詩哲泰戈爾的詩句：「我們像海鷗之與波濤似的，認識了，走近了。海鷗飛去，波濤滾滾地流開，我們也分別了。」名字和引句都饒富涵意，可以視爲周夢蝶對感情的悲觀態度，照例地是充滿了悲苦與絕望。

如〈囚〉之中的一段：

早知相遇底另一必然是相離
在月已暈而風未起時
便應勒令江流迴首向西
便應將嘔在紫帕上的
那些愚癡付火。自灰燼走出
看身外身內，煙飛煙滅。

如〈天問〉中的：

何去何從？當斷魂如敗葉隨風

而上，而下，而顛連淪落
在奈何橋畔。自轉眼已灰的三十三天
伊人何處？茫茫下可有一朵黑花
將你，和你底哭泣承接？

天把冷藍冷藍的臉貼在你臉上
天說：又一株蘆葦折了
它將折向恆河悲憫的那一邊？

如〈絕響〉中的：

想著這是見你最後的一刹那
與十字爲一
在不知是怨是憐是怒
我底心遂涔涔復涔涔了。

我是爲領略尖而冷的釘錘底咆哮來的！
倘若我有三萬六千個毛孔，神啊
請賜我以等量的鐵釘
讓我用血與沉默證實
愛與罪底價值；以及
把射回出的箭射回
是怎樣的一種痛切

而在以女鬼爲對象切切細語的〈關著的夜〉，淒清美麗，偏又情致婉約。

關著的夜——
這是人世的冷眼
永遠投射不到的所在！
再爲我歌一曲吧

再笑一個淒絕美絕的笑吧
當雞未鳴犬未吠時。

看你底背影在白楊聲中
在荒煙蔓草間冉冉隱沒——
不要回顧！自然明天我會去跪求那老道
跪到他肯把那瓣返魂香與我

至於〈一瞥〉，就頗爲悲苦了：

都浮到眼前來了！
那些往事，那些慘痛的記憶
（有若兩株孿生的樹
生生給撕散劈開了的）
都浮到眼前來了！

昏黑。旋天轉地的昏黑。
快讓腳下閃出一條縫吧
讓我沒入，深深地
讓黑暗飛來爲我合眼，像衣棺
——黑暗是最懂得溫柔與寬恕的。

至於收在《還魂草》中的「紅與黑」輯，常被一些評論家視爲周夢蝶作品中少數直接描寫「情慾」的作品，尤其是描寫妓女的〈六月〉組詩。〈六月〉寫情慾掙扎，最後在回歸宗教中找到歸宿：

蘧然醒來
繽紛的花雨打得我底影子好溼！
是夢？是眞？
面對珊瑚礁下覆舟的今夕。

一粒舍利等於多少堅忍？世尊
你底心很亮，而六月底心很暖——
我有幾個六月？我將如何安放我底固執？
在你與六月之間。

據說蛇底血脈是没有年齡的！
縱使你鑄永夜爲秋，永夜爲冬
縱使黑暗挖去自己底眼睛……
蛇知道：牠仍能自水裡喊出火底消息。

死亡在我掌中旋舞
一個蹉跌，她流星般落下
我欲翻身拾起再拚圓

虹斷霞飛，她已紛紛化爲蝴蝶。

除了表達內心的孤寂與細膩的感情外，周夢蝶在這段時期中，最爲稱道的是他在思想上的跨步。他不再只是一味的悲苦，他終日的冥想，尋找明師解惑，並在各類宗教及哲學經典中尋求答案，希望能找出安治心中孤寂悲苦的良方。以哲學及宗教上的價值而言，他在《還魂草》時期的作品，比《孤獨國》的作品要深遠了許多。

周夢蝶的詩，寫來寫去，總不出「抒情」、「冥想」兩大類。「抒情」因受特定的人與時空的左右，格局有限；而冥想的結果，或讓周夢蝶走入禪宗的瀟灑，相應在詩作上，空間更爲遼濶，眼光更遠。而因貪、嗔、痴帶來的煩惱，亦可以安然而受。

表達哲學遼闊境界的作品，如氣勢磅礴、與莊子〈逍遙遊〉同名的詩作。在這首〈逍遙遊〉中，周夢蝶帶領你我脫離地心引力，飛上天去看過往時空，心神先是盪漾，再回歸到一切當回歸的地方：

絶塵而逸。回眸處
亂雲翻白，波濤千起；

無邊與蒼茫與空曠
展笑著如回響
遺落於我蹤影底有無中。

從冷冷的北溟來
我底長背與長爪
猶滯留著昨夜底濡；

夢終有醒時——
陰霾撥開，是百尺雷嘯。

昨日已沉陷了，
甚至鮫人底雪淚也滴乾了；
飛躍啊，我心在高寒

高寒是大化底眼神
我是那眼神没遮攔的一瞬。

不是追尋，必須追尋
不是超越，必須超越——
雲倦了，有風扶著
風倦了，有海托著
海倦了呢？堤倦了呢？

以飛爲歸止的
仍須歸於飛
世界在我翅上
一如歷歷星河之在我膽邊
浩浩天籟之出我脅下……

以講哲理的詩而言，〈行到水窮處〉可稱爲經典之作，得清冷雋永之趣，有神仙味，倒也合乎周夢蝶「詩僧」的形象：

行到水窮處
不見窮，不見水——
卻有一片幽香
冷冷在目，在耳，在衣。

你是源泉，
我是泉上的漣漪，
我們在冷冷之初，冷冷之終
相遇。像風與風眼之
乍醒。驚喜相窺

看你在我，我在你；
看你在上，在後在前在左右：
迴眸一笑便足成千古。

你心裡有花開，
開自第一瓣猶未湧起時；
誰是那第一瓣？
那初冷，那不凋的漣漪？

行到水窮處
不見窮，不見水——
卻有一片幽香
冷冷在目，在耳，在衣。

類似這種在詩作中傳達一股哲學冥想的作品，如〈擺渡船上〉，就像禪宗的偈，一片禪機：

人在船上，船在水上，水在無盡上。
無盡在，無盡在我剎那生滅的悲喜上。

是水負載著船和我行走？
抑是我行走，負載著船和水？

詩評家們在評論周夢蝶的詩時，常說他有一個特色，也是一個毛病——「好用典」。在《還魂草》中，這個特色十分明顯，讀者本身若功力不夠，不一定能夠正確地抓到他真正的意涵。如他在《還魂草》中，所用的典就包括了莊子、楚辭、佛家、易經、聖經等，其他如用到王維、李後主的典故都有。

對於這一點，周夢蝶其實非常了解，但有時卻無法避免。用典的最大好處，是用一個典故，就好像用了最短的陳述句子說了一個故事，寥寥數語可以涵蓋豐富的意象，讓作品的內容更爲豐富且多樣，不需要囉囉嗦嗦的解釋一番。但用典過繁，則易失之堆砌，而且程度不夠的人也受困。

周夢蝶本身有中國古典文學的深厚基礎，一堆典故裝在肚子裡，當然是順手拈來，盡得曲境通幽之妙。當時的周夢蝶，還沒有辦法像了悟佛法之後一樣的返璞歸眞，全然的出入自得。

《還魂草》替周夢蝶帶來相當大的知名度，越來越多的人知道武昌街有一個大隱於市的詩僧周夢蝶，許多人來他的書攤拜訪，向他請教寫詩的方法。而領導出版社也徵得周夢蝶的同意，再版發行《還魂草》，並特別使用名畫家席德進爲周夢蝶所繪畫像爲封面，一上市即洛陽紙貴。

這一年，周夢蝶已經五十八歲了，學佛更有心得，詩作意象更爲深邃，而表現方式卻和以往全然不同了。

人面石時期的恬淡自在

《還魂草》出版後，周夢蝶最大的轉變，就是一心投入對佛法的追求及對佛學的了解。

他先向著名的禪學大師南懷瑾學習，並且去聽道源法師講《金剛經》；圈點佛學典籍如《指月錄》、《宗鏡錄》、《高僧傳》、《大唐玄奘法師傳》、《禪海蠡測》等。

在受教於南懷瑾前，周夢蝶對人生有諸多疑惑，文學及一般哲學均不可解他胸中塊壘；而了解佛法之後，知道了宇宙有一根源存在，即是「道」，可以一以貫之的用在世間萬物。對於一直積極尋求人生眞義的周夢蝶而言，佛法解開了胸中的疑惑，他在此可以找到安身立命之處。

而在現實生活中，常年在武昌街擺書攤爲業的周夢蝶，在長期的風霜勞累之下，終於病倒，於六十歲時割去了四分之三的胃。手術後體力不勝負荷，無法再從事販書的工作，於是只好把書攤收拾了，從此東搬西遷，到處漂泊。

現實的生活與體驗，自然的反映在詩作中。周夢蝶在熱心追求佛法解脫及療養身體之餘，猶從事詩的創作，可是產量並不豐。根據曾進豐爲周夢蝶詩所做的編目，從《還魂草》出版的一九六五年，一直到一九九五年，三十年當中，只有八十六首詩作，產量非常稀少。如一九七二年到一九七四年的三年當中，竟然都沒有創作。而且有些年，一年之中能得一、兩首，就已經不錯了。在出版《還魂草》之後，周夢蝶把三十多年來所寫的詩文，準備集結再發行一本個人的詩文集，書名就計畫借用一首詩作〈人面石〉，做爲新詩集的書名，這應該是周夢蝶最後一次出詩集了。周夢蝶雖有此心，不過，一切想法到了一九九八年下旬，仍還只是紙上談兵，尚未付諸實現。

詩作的產量雖然大幅減少，品質卻更爲精進，詩句也更爲簡潔精鍊。而且，以往不免做小兒女態的「悲苦」調子也大幅減少了。即使一樣「悲苦」，但對象多爲衆生，而非一己之歡或一己之嘆了。

周夢蝶儼然已經過此一「看山不是山，看水不是水」的階段，又回到「看山是山，看水是水」的階段。

在這段時期中，周夢蝶詩的語言更見精鍊，而且可以達到「深入淺出」的功力，寫複雜事、簡單事，不再是一味的陳述，而且更簡化、更雋永。這個時期的詩作主要分爲兩大類，一種是對佛法的領悟及闡釋，另一種就是對身邊景物的觀察，前者慈悲，後者淸逸，頗有陶淵明和王維瀟灑恬淡之風，實是周夢蝶寫詩三十多年來「更上層樓」的展現。

周夢蝶鑽研佛法，在還魂草時期，他的詩作中，有關的詩作就不少，到了人面石時期，就更豐富了。例如一九七五年九月，他在《藍星季刊》上所發表的〈第九種風〉，靈感即是源於《大智度論》，闡述菩薩在憂、喜、苦、樂、利、衰、稱、譏外的第九種風——慈悲。因爲當修行到了菩薩的境界時，前八種風都可抵禦，所謂的「八風吹不動」，但第九種風卻因爲菩薩憐憫衆生苦，此一悲心無法超越。

〈第九種風〉共有五節，每節都以「那人在海的漩渦裡坐著——」開端。茲節錄第一節及第五節如下：

那人在海的漩渦裡坐著——
有風自海上來
近的，遠的；鹹的，澀的；
睫下挾著没遮攔的蛇鞭
眉間點著圓小而高且亮的紅痣的……
捧著自己的腳印死吻
不見蘆山，只見蘆山的雲霧的……

那人在海的漩渦裡坐著——
有風從海上來。
將自己舉起。好高的浪頭！
風於風和不風於風的
這同一隻手。溫柔裡的溫柔
君知否？終有一日。喔！這種不同面目的風
都將蟬娟爲交光的皓月。雖然
那人在海的漩渦裡坐著——

另外兩首詠荷的詩作，各四行，周夢蝶笑說，其中〈風荷〉是淨土宗，而〈雨荷〉是禪宗。

風荷

輕一點，再輕一點的吹吧
解事的風。知否？無始以來

那人已這兒悄然住心如定
是的，在這兒，水質的蓮胎之中

雨荷

雨餘的荷葉
十方不可思量的虛空之上
水銀一般的滾動：
那人輕輕行過的音聲

醞釀近二十年的〈好雪．片片不落別處〉這首「力作」，周夢蝶說，他曾逐字逐句，為好友林清玄、蘇永安足足說了五個小時。

而另一首題為〈四行〉，結合田園景象和佛法的詩，是一九九五年三月，周夢蝶於三峽近郊，見水牛背上有白鷺鷥佇立，意態閒適，忽發聯想，是否為文殊、普賢菩薩遊戲人間？想入非非，令人忍俊不禁。

總而言之，周夢蝶此一時期的作品，演繹佛法、哲理，輕鬆、自然，深得舉重若輕之神髓，比諸早年常耽溺於悲情中的他，是一大突破。

人面石時期中，更突出的是他寫鄉村田園景色的作品增加了。周夢蝶在前兩個創作時期中，擅寫人與事，但寫景物並不多，像《還魂草》中所收的〈落櫻後，遊陽明山〉的詩作並不多。到了人面石時期，反而寫景色與景物的作品多了起來，而且詩作恬淡不靜，這也許是早年周夢蝶爲求溫飽，仍須在台北市的塵囂中擺書攤，所見多爲過往行人、車輛，少見田園風光。而六十歲動手術退休之後，幾乎都住在台北郊區，如內湖、淡水、外雙溪等地，所見田園景致增多，自然反映出來之故。

而且，動過手術後，更體會到身體健康的重要，體會生之喜悅，對充滿生機的田園風光感受自深，使他晚期的作品中，充滿了盎然生機。也因爲修行的關係，早期詩作中的濃烈感情及悲苦，到此轉化爲恬淡自然的風味。

〈約會〉不是情詩，是周夢蝶住在淡水外竿時，每日散步必到的一個橋墩。

這首詩發表後，頗得女詩人翁文嫻、張香華的激賞。茲錄之以爲本文的「壓軸」。

總是先我一步
到達
約會的地點
總是我的思念尚未成熟爲語言
他已及時將我的語言
還原爲他的思念

總是從「泉從幾時冷起」聊起
總是從錦葵的徐徐轉向
一直聊到落日啣半規
稻香與蟲鳴齊耳
對面山腰樹間
嫋嫋

生起如篆的寒炊

約會的地點
到達
總是遲他一步——
以話尾爲話頭
或此答或彼答或一時答
轉到會心不遠處
竟浩然忘卻眼前這一切
是租來的：
一粒松子粗於十滴楓血！
高山流水欲聞此生能得幾回？
明日

我將重來；明日
不及符的明日
我將拈著話頭拈著我的未磨圓的詩句
重來。且飆願：至少至少也要先他一步
到達
約會的地點

◉第八章——周夢蝶的戀愛及其他

那薔薇，
像所有的薔薇，
只開了一個早晨。
——Honoré de Balzac

周夢蝶三歲訂婚，十七歲結婚，十九歲有第一個男孩，五年之後，有第二個；又五年，又添個女孩。這一切，都是奉母命行事。

然而，如果你說周夢蝶在人海裡，滾了七十多年，對任何異性從來不曾動過感情，連一點點漣漪都無，那倒也未必盡然。

終於，周夢蝶從塵封的記憶裡，抖出兩則如煙的往事來。

甜酸苦辣憶往事

往事之一的女主角，名字叫翩翩。那時周夢蝶才五歲，翩翩四歲。這兩個小人兒，由於某種因緣，他們曾經有過一小段時光，每天吃在一起、玩在一起，晚上就睡在一起。周夢蝶特別記得，有一天早上醒來，天已大亮，發現翩翩光溜溜的仰在被子外頭，當時雖然年紀小，也知道男女有別，也知道男女身上「某個地方」，是個神聖不可侵犯的地方；但，爲好奇心所驅使，他正想伸手過去，忽然翩翩母親的聲音，自隔壁揚起：「翩翩啊！田田啊！（田田是周夢蝶的乳名）還不趕快起來上學，太陽都照到屁股了！」

這段驚心動魄的小祕密，在周夢蝶肚子裡埋藏了七十三年，他的保密功夫，著實驚人。

十三年後，翩翩嫁給一個小學體育老師，從此雲深霧深，遂成了斷絕。

周夢蝶始終記得此女有一雙鳳眼，活潑嬌憨，很容易使人聯想到《聊齋誌異》裡的嬰寧。往事之二的女主角，大周夢蝶五歲，他們只見過一次面，只有短短四、五分鐘。周夢蝶對這名女子使用的形容詞，是「毫髮無遺憾」。他自己的感受則是「死心塌地」。

那時，周夢蝶十八歲，已婚，而在六十年後的今天，每一念至，便「割心割肝」——分不清是甜蜜還是痛苦的那種「割心割肝」。

周夢蝶始終不肯透露那女孩的名字，而當我問及，為什麼兩個素不相識的男女，相處的時間只有短短四、五分鐘不到，半句話也沒說，只是專注而忘我地你看我、我看你，怎麼可能引發如此深刻堅固的情愫、石破天驚的火花？

周夢蝶苦笑，拿挪威小說家Knut Hamsun的一大段話，把我死死堵住。小說家說：「你去問雨問風，問天上的星、地上的塵埃吧！沒有誰能回答你。」

去年周夢蝶返鄉探親，問了幾個人，心想此女若在，應該是八十三歲的老太太了。如果能再見一次面，那該有多好。誰知得到的答案，一個比一個慘。

一個說，被逼迫移家哈爾濱；一個說，全家為洪水所淹；又一個說，年未四十被她的丈夫——一個「鄉黨作惡，小頭銳面」的混混，活活折磨死。

然則，余光中說周夢蝶是千古大傷心人，看來眞的不幸又言中了。

宿命的悲劇人物

問題在於周夢蝶的傷心從幾時傷起？

有人說，周夢蝶是「再來人」，甚至有人更具體而確鑿的說，是唐朝的周金剛轉世投胎。這說法，就未免有些近於玄怪了。然而，從周夢蝶一生的立身行事，種種跡象看來，這種臆測或推斷，是眞的也說不定。

周夢蝶的母親希望他長大後當縣長，但，幾乎沒隔多久，就很失望的發現她的兒子，根本不是那塊料。

周夢蝶六、七歲時，他的母親當著他的大舅母、大姑和四姑的面，問他：「田田啊！長大後你想做什麼？」周夢蝶脫口而出，說：「我只要這樣小小一小塊地（他舉手在空中畫了個小圓圈）；裡頭栽七棵蒜苗，就這樣過一輩子。」當下四個大人都愣住了，你看看我、我看看你，怎麼也料不他小小年紀，會說出這樣古怪的話來。

五十年後，周夢蝶讀清人趙堯生詩。趙先生有位親戚，官居御史大夫，以言事，與皇帝不合，憤而辭官歸隱。趙賦詩送之，末四句云：「作人自古難啼笑，伴我穿雲自往還；五十本葱一畦韮，勸君隨分臥青山。」

周夢蝶習慣在晚上入睡前，把腳浸在一盆冷水裡，一邊就著燈光看書。那天，他讀到這裡不覺啞然失笑。自言自語「七棵蒜苗已足」，五十本葱一畦韮，未免太奢侈了。

未來的期許

最近，他的好友W居士，問他未來的期許爲何？他說：「喪亂之餘，諸念如灰，而今而後，只想力行蘇老泉的座右銘『愼行謹言，淸心省事』，以待大限之至而已。」

W君說，好是好，只是太消極了些，沈吟了一會，周夢蝶寫了以下四句話，像是對聯，詞性平仄，又對得不太工整：

匪道曷依，匪善奚敦？

知過改過，知恩報恩。

W問：這四句話，各有出處否？

應曰：有。前兩句，爲陶淵明詩；後兩句，見六百卷放大光般若經。

W說，你自信眞能想到、說到、做到，百分之一百？

周夢蝶回說，量力而行，走一步算一步。又說，「凡事不怕慢，單怕轉；不怕轉，單怕站。」

只要不站，再遠的路，總有一天會走到的。

附錄

〈一塊彩石就能補天嗎？〉

〈周夢蝶的詩藝與氣質〉

〈趺雪的山峯〉

〈人間孤島〉

一塊彩石就能補天嗎？

——周夢蝶詩境初窺

余光中

四十年來在臺灣的新詩壇上，周夢蝶先生獨來獨往的清癯身影，不但空前，抑且恐將絕後。

在我們的詩人裡，他是最近於宗教境界的一位，開始低首於基督，終而皈依於釋迦。在一切居士之中，他趺坐的地方最接近出家的邊緣，常常予人詩僧的幻覺。他的筆名起於莊子的午夢，對自由表示無限的嚮往。不求名利，不理資訊時代的方便與紛擾，無論在武昌街頭與否，他都是不聞市聲的大隱。對現實生活的要求，在芸芸作家裡數他最低了，所以在詩中他曾以荻奧琴尼斯和許由自喻。可是另一方面他又一諾千金，不辭辛苦爲朋友奔走的精神，卻又不愧於儒家。都到了一九九〇年了，臺北之大，似乎只有他一人還在手持蓮花，抵抗著現代或是後現代的紅塵。今之古人，應該是周夢蝶了。

不過他又是這娑婆世界最不自由的人。因爲生活不難解決，生命卻難安排。大患之身，正是寸心所寄。時至今日，要餬口並不難，難在餵飽這寸心。無論把《孤獨國》或《還魂草》翻到第幾頁，讀到的永遠是寂寞。戴望舒的詩說，蝴蝶的翅膀像書頁，翻開，是寂寞，合上，也是寂寞。他說的正是一個叫夢蝶的人。在生活上一無羈絆的夢蝶，在感情上卻超脫不了，而經常受困於一種無始無終無邊無際的壓力，正是他心靈的孤寂。至其絕處，甚至有「天堂寂寞，人世桎梏，地獄愁慘」這樣的詩句，有時更說：「逃遁是不容許的／珂蘭經在你手裡／劍，在你手裡。」

周夢蝶是新詩人裡長懷千歲之憂的大傷心人，幾乎帶有自虐而宿命的悲觀情結。在這方面他毋寧更近於納蘭性德、黃景仁、龔自珍、蘇曼殊、王國維、李叔同一脈近世詩人的傳統，而於當代詩家之中，自然而然最崇拜周棄子。前述的納蘭六人莫不深於情而又苦於情，一腔悲愴無法自遣。周棄子更其如此，自謂對於愛情是一團漆黑的絕望。臺灣新舊詩壇之有二周，頗能互相印證。

葉嘉瑩爲《還魂草》作序，依處理感情的態度，把陶潛、李白、杜甫、蘇軾歸入善於處理悲苦的一類；至於屈原和李商隱，則遣愁無力，只能沈溺苦海之中。她把周夢蝶和謝靈運相比，認爲大謝的山水與名理排遣了政治的苦悶，但是周夢蝶並無現實利害之糾纏，其悲苦來自純情，所以能從純情的悲苦裡提煉出禪理哲思，而把感情提升到抽象與明淨的境地。翁文嫻也讚譽他爲淡泊而堅卓的狷者。

周夢蝶寫《孤獨國》和《還魂草》的歲月，正當現代主義流行於臺灣文壇，但是除了一種孤絕的情懷和矛盾語法、張力一類的技巧，他的詩和當時的現代詩風有頗大的差異，成爲制衡西化的一個反動。那時的現代詩力反浪漫，嘲弄愛情而耽於寫性，且把性慾寫成無可奈何的虛無姿態。夢蝶詩中追求的卻是古典之情、聖潔之愛，正是反潮流的純情。翻遍他的「少作」，滿紙的寂寞和悲苦全由於這一個情字。他的悲情世界接通了基督、釋迦和中國的古典，個人的一端直接於另一個時空，中間卻跳過了社會。

最近在何凡八十華誕的壽宴上，瘂弦對我說起，周夢蝶是最浪漫的詩人。事後尋思，覺得此言甚確。從早年的《孤獨國》到八十年代的近作，他的詩純然是抒情，所抒的大半是難能而難遣之情，而且總是那麼全力以赴，生死以之。我與夢蝶相交多年，見面往往止於論道而不互通隱衷，近乎畏友。所以他在感情上的心路歷程，我也不很了了，只知他曾結婚，和周棄子一樣。夢蝶是一位極其主觀而唯心的詩人，詩中絕少現實時空的蛛絲馬跡，更有宗教與神話的煙幕相隔，很難窺探其中的「本事」。像〈失題〉中的那粒紅鈕扣，已經是不可多得的「物證」了，也不足作爲鄭箋。

然而夢蝶詩中那一片瀰天漫地而令人心折骨驚的悲情，究竟爲何而起？從大多數作品看來，其主題不外是生命的觀照、愛情的得失、剎那的相知、遙遠的思慕、靈肉之矛盾、聖凡之難兼。敍事詩多用第三人稱，抒情詩多用第一人稱，但是情詩、抒情詩中最隱私的一種，卻多用第二人稱。《還魂草》四十八首詩中，對「你」竊竊私語的佔了二十七首。《孤獨國》裡這樣的比例小些，但也佔了三分之一上下。這些詩中的「你」所稱的，不會是同一個人。許多詩裡有「你」也有「我」，足證「你」是詩人傾訴的對象：〈失題〉、前後〈一瞥〉、〈空白〉、〈虛空的擁抱〉、〈絕響〉、〈囚〉、〈天問〉、〈行到水窮處〉等等正是如此。此外，〈還魂草〉裡的「你」應該指那仙草，〈關著的夜〉裡的「你」應該指女鬼，〈燃燈人〉裡的「你」應該指佛，都有脈絡可尋。可是另有一種情況，是詩人身外分身，對自己說話，稱自己爲「你」，造成一種對鏡顧影的幻覺。〈菩提樹下〉、〈托缽者〉、〈尋〉、〈孤峰頂上〉等首都有這樣的倒影作用。在夢蝶的詩中，人稱是解題的一大關鍵。

用情深厚而生死賴之，固然是夢蝶之所苦，恐怕也是夢蝶之所甘。除了血與淚，他似乎不知道寫詩還可以蘸別的墨水。像〈行到水窮處〉這樣得意而笑的作品，在他詩中應是例外。近作〈於桂林街購得大衣一領重五公斤——之二〉富於人間世溫情，而附注所言「詩云：『豈曰無衣，與子同澤！』思之，不覺莞爾。」也流露靜觀自得的諧趣，頗出人意外。他的多數情詩，不論所抒是狹義的愛情或廣義的同情，都是將熱血孤注一擲而義無反顧。他傷完自己的身世，餘悲可賈，還要爲《聊齋》裡的女鬼和《聖經》裡的妓女放聲一哭。近幾年來，得他贈詩的也都是人間的五六位蘭蕙才女，甚至手持紅梅的車上老嫗也能夠入他的近作〈老婦人與早梅〉。就我記憶所及，夢蝶似乎從未贈詩給同性文友，這在師承中國古典詩傳統的夢蝶說來，倒是反傳統的。我曾先後贈他二詩，他照例沒有答我。人各有情，這當然不足爲怪。可是他這麼專心一致地欣賞女性，不禁令我要說一句：周夢蝶也許不是莊周再生，而是《石頭記》的石頭轉世，因爲他如此癡情，還不到鼓盆之境。

《還魂草》的作者在某些方面實在近於李賀，因爲兩人都清瘦自苦，與功名無緣，都上下古今欲擺脫現實的時空，都深情入於萬物而悲己悲天。淚的意象在兩位河南詩人（淅川距昌谷不過二百公里）的作品裡都很普遍：《還魂草》中有一半以上的詩出現淚與哭泣。〈囚〉

的第二段完全是昌谷詩境。和長吉一樣，夢蝶也是一位主觀的詩人，但是夢蝶比古錦囊客還更主觀，而且唯心。長吉詩中的感性還時有寫實之處，夢蝶的詩幾乎沒有寫景，全是造境。近年夢蝶漸有詠物之作，他的造境有時也能接通現實，不再是無中生有了，例如〈疤——詠竹〉一首，便是物我交融虛實相生的詠物上品，可謂一次突破。早年他的詩質因用典頻繁而虛實互證、今古相成，但用得太多時也會嫌雜與隔，尤以中西古今混用爲然。另一特色是好用矛盾語法，來加強詩意的曲折、語言的張力，並追求主題的矛盾統一：警句往往因此產生。但如果用得太多，也會失效。在近作裡，由於詩人的激情趨於恬澹，典故與矛盾語法也相對減少，得之於自然者，又恐失之於散文化。尚望詩人能妥加安排，更登勝境。

（一九九〇年元月）

轉載自余光中《井然有序》一書

周夢蝶的詩藝與氣質

朱炎

在第一屆國家文化藝術基金會文學獎的決審會上，乍聽到有人提起「周夢蝶」三字，我先是一愣，繼之心底颼地拂過一陣「欸，我怎麼沒有特別想到他？」的歉然的欣悅。我感覺當時頗有一些決審委員的反應，與我的相彷彿；所以，當全場沒有異議的通過夢蝶詩人獲得首屆文學獎時，才會立刻響起一致的掌聲和歡呼。

名字從未在我所有以前參與過的文學獎評審會場上出現的這位遺世高蹈的詩人，此次居然受到全數決審委員毫無保留的肯定與讚揚，自己事先卻又毫不知情的獲得這份殊榮；這個事實的含意，委實耐人尋味。

我深信這不單是大異尋常的肯定與讚揚；抑且，對於忮求媚世的現時文風來說，更是一次大模樣的反動！因爲，一向煢然獨處而苦覓詩魂的周夢蝶的種種披瀝與作爲，都清楚的表現了一位無視繁華、扞格俗流的市廛大隱的風範。

決審委員們想必都有一種認識，那就是：周先生詩藝的境界高妙，而他的生活舉止，則是其人格美學的體現。而且，其人其詩欠間，呈現著諧和的統一；甚至可以說，二者已然融爲一體。

我雖然只在台北市武昌街頭，看過一兩次「冷攤兀坐一人畸」（周棄子序《還魂草》詩句）的周先生，但是長久以來，我都很注意他的詩作。譬如，月前他那首關於天葬的詩及其附文，就使曾與台大外研所同學在班上長期討論生死問題的我，受到很大的啓示和形而上的慰藉。又如他在八十六年八月十八日所發表的那首〈垂釣者〉，也讓我體悟到垂釣者與被釣者、水底與天上、永恆與墜落之間的關係，而且，「美，恆與不盡美同在。」

我也曾聽瘂弦、陳素芳等人講述過一些關於周先生的奇行妙事。

不過，使我對周先生其人有更深一層了解的，還是翁文嫻、皇甫元龍、溫小如、洛水、商略等人對他的描繪和周先生致友人的信函。他的朋友都說他憨眞。翁文認定他一直是個手持蓮花的童子，並說「這個童子，活到百歲將仍是個赤誠的童子。」溫文說「周夢蝶是這個人吃人的地球上，最好最好的好人」，卻又稱他是「一個推不倒又扶不起似阿斗非阿斗式的朋友」。

而周夢蝶之甘於簡樸與淸苦，是所有認識他的人所周知的。他的惸孤與簡陋的生活，我想只有孔子的學生顏回或紀元前五世紀與四世紀間的希臘哲學家戴奥吉尼茲（Diogenes）那類的人，才能受得了。

我得特別小心，可別再拿他比來比去，免得冒犯他。因爲他曾說：「你不可譏刺人，甚至不可輕易讚歎人：讚之而不以其道，則讚之乃適足以侮之。」（皇甫元龍：〈非蝶亦非蝶〉）他竟是這麼一位懍於褒貶、愼於臧否的實在人物。當然，他對自身修行的要求，就更嚴謹了。他說，「沒有一次縱談之後不是煎心的愧悔！我實在給悔愧折磨得夠了！有工夫，我想，還是在孤獨裡默默修補自己的好！」（〈非蝶亦非夢〉）

其對物質條件的要求，是那樣儉省；卻又潔身自重，渴望人格上的完美，至於斯亟！別以爲周夢蝶的生活異常淸簡，社交關係特別單純，活動範圍也十分有限，就認爲他的人生經驗貧乏，生活內容癟秕，或是目光狹窄，見地不夠高遠；其實，正好相反。其實，這位詩人的靈目所及，遠比一般人高遠；而其精神境界的內容，也絕非水泥叢林中人那種看似光鮮繁豐，實則是蛆鑽蜂擁、蠅營狗苟的日子可以比擬。

也不能看到他蔑視享受，淡泊名利，就認爲他輕忽今生現實而不食人間煙火。其實，「他就是一個徹頭徹尾的『人』，他更是詩人，要追求完美，比常人多了一倍的血與肉，感情與慾望，……」（翁文嫻：〈看那手持五朵蓮花的童子〉）。事實上他對其自認爲美好事物的追逐，簡直執著得令人難以置信。比方，他爲了乞求周棄子給《還魂草》寫序，竟會冒失造訪；又因不遇而至滿懷惆悵，失魂落魄，甚至徘徊在「生死之際……」（〈致蘇永安小姐〉）。他甚至在致周棄子先生的信末寫道：「倘俯徇所請，則糞土朽木，生有餘榮，死無遺恨矣！」周夢蝶這樣的癡迷與嚮慕，簡直比熾烈追求女人的男子，洵有過之而無不及。

周夢蝶這些人格上的特質——永保憨眞、醉心簡樸、追求完美、放眼高遠、熾戀人生等等——都一一映照在他的詩作藝術裡。

周夢蝶是紅塵濁世的阿斗、侏儒，卻也是藝界的強者，詩國的巨人。他詩中最可貴的氣質，就是眞。他表現純眞，所以沒有浮言泛語或伶俐機巧。西班牙有一位靦腆、羞懼而不勝世情激盪的詩人皇·拉孟·希邁耐斯（Juan Ramon Jimenez），跟周夢蝶是同一種人類。這位一九五六年的諾貝爾文學獎得主的詩，有莊子的玄妙和瞭悟世情後的哀感，字裡行間氤氳著幽遠淡泊、神秘空靈，使人忘卻塵機，悠然神往的氣氛。而且，他對銀白小毛驢兒，生肺病的小女孩甚至路邊小花的感情，是那麼纖塵不染。所以，他的詩，被稱爲「純詩」(la poesia pura)。我感覺，周夢蝶跟希邁耐斯一樣，是個十分純眞的人；而他的詩，也一樣是「純詩」。

爲求眞理眞義，我們的純詩人，是不惜犧牲一切的。且看〈燃燈人〉中的「我」，就

曾爲半偈而日食一麥一麻
曾爲全偶而將肝腦棄捨
在苦行林中。

就是因爲保有憨眞的本性，他才能夠領悟哲思禪意，他的心靈才能進入聖人的山林，佛的境界和基督的國度。

使正修者分別於野狐禪的，乃是前者的簡樸，後者的繁豐。古今中外，沒有一位眞正的宗教家、哲學家，沒有一位眞正的藝術家、思想家，不提倡簡樸，甘於簡樸。孔子是這樣，釋迦牟尼是這樣，耶穌是這樣，甘地是這樣，梭羅是這樣；而我可以放心的說，周夢蝶也是這樣。

簡樸幾乎是周詩藝術的正字標記（hallmark）。簡言之，在他的詩行甚至散文裡，絕大多數的絢爛文明或財富的標徵，都已銷聲匿跡；而滿詩所呈現的——不管是八千八百八十二公尺的聖母峰，還是「經冬不凋」的還魂草，還是「霜餘的枯葉」，還是「石頭開花」，還是「一麥一蘼」，無不是奇蹟般的自然景象。

周夢蝶的詩，內容豐富，涉及他整個人生的經驗及其對宇宙人生的洞察。由於他特別崇敬生命，珍惜人生，所以，他也特別用寧靜的心靈和空靈的詩藝，去提升人生的品質，品嚐生命的眞味，窮究人生的終極意義。這種鍥而不捨的提升、品嚐和窮究，表現了《大學》裡所說的那種爲求人生止於至善而無所不用其極的精神，也就是美哲愛默生在〈美國學人〉（The American Scholar）篇裡所指示的那顆求眞、求善、求美，積極振奮活躍不息的心靈（the active soul）。

在其《還魂草》和《孤獨國》兩本重要詩集裡，周夢蝶營造了一個至爲突顯的意象，那就是：一座孤絕的高峯。這個意象，是他理想的標的，也表徵著他對自我的期許。譬如，在〈孤峯頂上〉那首詩裡，他寫道：

想六十年後你自孤峯頂上坐起
看峯之下，之上之前之左右。

這顯然是寫他那追求人生之絕峯極頂的自己，因爲他在六十五年十月三日致周棄子先生的信裡曾說：「乩仙說我六十歲，即大大後年當走！」翁文嫻說他爲要追求完美，比常人多了一倍的血肉慾望與感情，實在是慧眼獨具的知音者言。

在《孤獨國》的〈冬天裏的春天〉裡，有

今夜，奇麗莽扎羅最高的峯巔雪深多少？
有否鬚髭奮張的錦豹在那兒瞻顧躊躇，枕雪高臥？

的詩句。這裡的「奇麗莽扎羅」當然是海明威短篇小說〈奇峯積雪〉（The Snows of Kilimanjro），向被誤譯爲〈雪山盟〉中的那座非洲第一高峯。那隻凌馳絕頂，並死在上帝之家（The

House of God）近處的豹子，實在是一個藝術最高境界的象徵。應該沒有周棄子先生在其序詩中所謂的「曾聞豹語死留皮」的含意。

周夢蝶那登峯造極、躋身完美的慾望，已經到了夙夜不息、魂牽夢縈的程度。在〈孤獨國〉那首主題詩裡，他開頭便承認：

昨夜，我又夢見我
赤裸裸地趺坐在負雪的山峰上。

周夢蝶的詩，不但靈象崇高，而且視野廣大。事實上，見地無極、胸懷萬物，乃是周詩的靈魂德性。這種德性與時下文壇上那些短視、褊狹和夜郎自大的流風，完全不同。

另一主題詩〈還魂草〉上來就是——

凡踏著我腳印來的
我便以我，和我底腳印，與他！

你說。

眞是多情、知足、慷慨大方得可以。

在〈逍遙遊〉裡，詩人引了莊子的話語，說明鯤鵬之巨大，並勉勵自己以動爲息，歸止於飛：

以飛爲歸止的
仍須歸止於飛。
世界在我翅上
一如歷歷星河之在我膽邊
浩浩天籟之出我脇下……

在〈刹那〉裡，「我」覺得胸中有愛時，生命突然擴大了起來：

當我一閃地震慄於
我是在愛著什麼時，
我覺得我的心
如垂天的鵬翼
在向外猛力地擴張又擴張……

目前正時興偏激、執拗、分裂、隔閡、仇視別人、膨脹自己；周夢蝶的詩藝，卻貴在包容與融和。葉嘉瑩教授說得好：「我是一個一貫主張要把古今中外交融起來的論詩者，而在周先生詩中，我就清楚的看到了這種交融運用的成功。」

周詩把中國的儒道釋和外國的各種宗教哲思，冶爲一爐，鍛鍊出發人深省、甚至在精采處讓人興起「此曲只聽天上有」之讚歎的詩行。

雪與火原是絕不相容的；但是周先生卻能使二者相容、相濟、相生，並在此努力過程中，自己的詩也獲得新的生命，新的風格。誠如葉教授所說的，如此「於雪中取火且鑄火爲雪」的結果，……我們看到了他的屬於「火」的一份沉摯的淒哀，也看到了他的屬於「雪」的一份澄淨的淒寒。

〈守墓者〉一詩，令人想起美國大詩人艾梅麗·狄瑾森（Emily Dickinson）融會死亡與不朽的詩篇。這首以墓地爲背景的短詩，竟然以「滿山草色青青」爲基色。我們知道「野火燒不盡，春風吹又生」的「離離原上草」，無論中外，都是永恆不滅的自然旗幟。所以，在這首詩裡，生、死與永恆，成了自然一體，沒有分別。

周夢蝶也以其詩藝，將基督世界中的魔鬼化身，甚至是孫叔敖當年所除的三害之一，變爲千眼的佛體：

一條雙頭蛇，蟠伏於菩提雙樹間的可也能成爲明鏡在胸通身是眼的智者？（〈閏月〉）

〈六月之外〉中的「我」，甚至嚷著要

把上帝恩賜我的那張光煥的臉藏起
重新髹漆！以貞靜與妖冶
以天堂與地獄混合的油彩。

周夢蝶非但不是不食人間煙火的化外之民，而且是個人生的熱愛者。不過他愛的方式，是古典的、深邃的、藝術的，有時候則是古典的浪漫的。他雅不願讓自己恣肆，而是以詩的約制，來表現他的心意。但是，這並無礙於其感情的眞摯與濃烈。比如前面所提到的，他對周棄子先生的敬佩之情，對我個人來說，就是不可思議的！

讀讀〈落櫻後，遊陽明山〉一類的詩，就可知道，他對人生與美好事物的眷戀，絕對不下於朱淑貞或李淸照。至於，周先生爲什麼那樣喜歡離群索居？我想去問問曹雪芹，或是賈寶玉，或是李叔同，就知道了。

在〈托鉢者〉中，他甚至幻想著

……在桃葉與桃葉之外

這裡的桃葉並非一般桃葉。他的附註說：「王獻之有妾曰桃葉，美甚，獻之嘗臨渡，歌以送之。後因以桃葉名此渡。」

葉教授說周先生的詩「有著一個爲大家所共同認知的不變的特色，那就是周先生詩中所一直閃爍著的一種禪理和哲思。」又說，這種禪理和哲思，並未助他解決「其內心深處一份孤絕無望之悲苦。」周夢蝶所過的日子，幾近於斯多亞哲學（Stoicism）派的克己禁慾的生活方式；而他在〈五月〉一詩中，則說「伊壁鳩魯痛飲苦艾酒」。斯多亞、伊壁鳩魯（Epicureanism）和犬儒（Cynicism）三者，同是紀元前四世紀中興起於希臘的哲學門派。不管其哲學思想多麼不同，但卻有一個共同的目的，就是：打擊人世的痛苦；而他們的生活，也有個共同之處，就是：力行簡樸。我的意思是說，周先生果如葉教授所說，有那種禪理和哲思，他的生活方式，與上述諸希臘門派的主張，確然也有可以印證之處。

我感覺：葉嘉瑩和翁文嫻二位，都對周詩做了一番深切的研究；所以她們的評論，大都中肯而深入，值得參考。但是她們只以中國文學的角度，來衡度周先生的詩創作藝術，並不太安全。特別是，翁文嫻說「《還魂草》是一本純中國風味的詩集」，則更是有商榷的餘地。且看，《還魂草》共分四輯，每輯的前頁，都有一句外國文豪的名言。又如〈朝陽〉一詩的寥寥十四行中，就有「亞當」、「天國」、「基督」、「惠特曼」、「桑德堡」等外國名詞；而且「每一寸草葉，都有一尊基督醒著」，也反映著惠特曼《草葉集》（*The Leaves of Grass*）中的一個基本概念。又如〈七月〉那首詩，提到在木桶中熟睡了的「荻奧琴尼斯」和在「華爾騰」湖畔小木屋中，埋頭敲打論語的「梭羅」，可以說是周夢蝶深諳西洋古典的明證。我們甚至可以說，讀周先生的詩，隨處都可遇到外國名著中的典故。

個人深深的覺得，周夢蝶先生於外國經典涉獵頗為深廣；讀其詩而疏忽其外國名著的典故，鐵定是一大損失！

而且，我也覺得，我們的夢蝶詩人，是否能以其禪理哲思，擊敗其孤絕與悲苦，並不重要；因為悲苦和喜樂二者原是相對相依的。若果（像基督教經典所說的那樣）岩石能夠生出油來，那麼，至大的悲苦，也該可以生出至大的喜樂來。頂重要的是：也許周先生心底那份孤絕的悲苦，正是他詩藝創作的泉源！

轉載自《中華日報》副刊，一九九七年九月廿九、三十日

趺雪的山峯

渡也

五十九年八月十八日

武昌街的騎樓下，詩人堅持靜默的姿勢，在櫈子上，他無盡的孤獨國裏。像「趺坐在負雪的山峯上」。臉頰削瘦，身子枯弱的詩人，甚至與我談善與惡，自由與自殺時，兩隻眼睛都是夏天的夜裏，青冷冷的兩把刀，如此沈穩，尖銳，在書攤前閃著哪。他多像海拔一萬公尺以上的一棵樹，寂寞纖細，但又是巨大的，古老的蒼松，朝飲木蘭之墜露兮，夕餐秋菊之落英。又想起E．E．康敏思來了：

A smooth round stone as small as a world

and as large as alone.

在我買的「千燈」末頁，馨香而光滑的紙頁上，詩人寫著：誠能動物。以後我懷抱一份感動離去。以後，再一次經過詩攤，把我弱小的十八歲的微笑留給詩人。

六十二年九月十一日，神秘經驗

懂得和夢蝶交談以後，每一次，經過武昌街騎樓，他的書攤，他泛舟去他的孤獨國，枯瘦的書法裏，我但求和那書架寒喧幾句便離去了，然而我和他的感覺，無聲的言語，勢必像蝴蝶，飄花，穿過煙塵的紋理，選擇秘密而適切的地點，謀面，握手，很婉約地，打了好幾個結，如我確信的那樣。

轉載自渡也《歷山手記》一書

人間孤島

古蒙仁

1

周夢蝶，一個城市的隱逸者，一個詩壇的苦行僧、一個清貧思想的啓蒙者和素樸生活的實踐者；一個與任何名利榮耀都沒關聯的名字，一個在紛擾的年代裡逐漸被遺忘的名字。

民國八十六年六月十八日，國家文化藝術基金會「文藝獎」文學類的提名委員，在提名會議上提出了這個名字。與其他許多閃亮的名字放在一起，這個名字並不怎麼突出。

七月二十八日，「文藝獎」文學類的評審委員，經過一上午的熱烈討論，二度投票之後，從那一長串名字中脫穎而出的，赫然就是周夢蝶。

七個評審委員都開心地笑了，人人都在談論周夢蝶。這個在晚近的詩壇中似乎淡出的名字，又成了被熱烈討論的對象，而且勢必成為今年文壇最熱門的話題。

有人說：他早就該拿這個獎了。

有人說：這個獎來得正是時候。

有人說：給了他，這個獎的權威和地位已經確立了。

我參加過許多評審會議，從來沒看過評審委員為他們評選出的人選，意見這麼一致，反應這麼熱烈，而且充滿了滿足感和成就感。那種歡欣鼓舞、自我陶醉的神情和語調，彷彿得獎的是他們七人，而不是周夢蝶。

吃過飯，回到會議室裡，評審委員開始為得獎人寫得獎理由。平常下筆千言、倚馬可待的這七位文壇名家，居然也苦思焦慮，搔頭抓耳起來。字字斟酌，句句推敲，數度易稿之後，總算把一篇百來字的評語稿定，大家這才眞正地鬆了口氣，倒茶喝咖啡地閒聊起來。

話題自然是周夢碟，只不過熱情演出之後，大家的態度比較謹愼、務實一些。

有人問：他會接受嗎？萬一不接受怎麼辦？

有人說：聽說他最近有點孤僻，不太理人。

最後有人說：眞不行的話，我出馬；非勸他接受不可。

一場高潮迭起，張力十足的評審會議，就此告一段落。

2

八月十六日，基金會召開臨時董事會，提報「文藝獎」五位得獎人的名單。董事對這份名單相當滿意，順利地核備通過。

按照「文藝獎」排定的行程，八月十八日將召開記者會，正式對外公開得獎人名單。五位得獎人中，美術類的鄭善禧、音樂類的杜黑、戲劇類的李國修和舞蹈類的劉鳳學，基金會在過去一年都與他們有過接觸與交往的機會，而且維持相當良好的關係。

唯獨周夢蝶是一片空白，提名委員提供的資料也不夠完整，加上評審委員當天一些不很確定的對話，令陳執行長和我都有些擔心，是否能找到他？他會不會接受？以及他的身體狀況，能否配合往後一系列的推廣活動？

在陳執行長的同意下，我決定先去找他，但先不透露他已獲得「文藝獎」的消息。

由於時間急迫，資訊不足，加上前往探視的理由不明，這眞是一樁高難度的任務。但我卻有一份即將重見故人的喜悅和期待，何況背後還有一個天大的好消息，等著他來揭曉。

3

其實，我和周夢蝶認識甚早，大約是民國六十八年吧！那年暑假白先勇返國，擔任第二屆時報文學獎小說類的評審委員，他約我和幾位經常在《現代文學》上發表小說的年輕作家，到「明星」咖啡屋吃飯。周夢蝶那時正好在武昌街擺書攤，白先勇特別邀他上樓一起喝咖啡，介紹我們大家認識。

周夢蝶在武昌街的書攤，是七〇年代台北街頭著名的文化地標，余光中曾以之入詩，傳誦一時。周夢蝶也因此成爲台北文化界的一則傳奇。我在大學時即熟讀他的詩作，每次路過武昌街他的書攤，看他端坐在川流不息的人潮車陣中，總會肅然起敬。

瘦瘦小小的他，像人海中一座孤獨的小島，沈默、寧靜，卻有一股萬鈞的力量，屹立在那兒，叫人不敢輕易地接近、打擾。也因此，我一直鼓不起勇氣去找他攀談，因而錯過了許多可以親炙他的機會。

藉由白先勇的介紹，武昌街這座小小的孤島、才慢慢被我突破，終至於登陸。白先勇擔任那屆時報文學獎的評審，在他的力薦之下，我在《現文》連載的中篇小說〈雨季中的鳳凰花〉得到小說類的推薦獎。那年我才二十八歲，得到榮譽最高的推薦獎，自然喜出望外，拿到獎金後便大肆請客，「明星」便是我經常請客的地方，每次都會邀周夢蝶上來坐坐。他總是非常乾脆，生意也不做了，就在「明星」的圓型咖啡桌和老式的厚沙發椅上，和衆人擺起龍門陣來。

周夢蝶並不健談，卻有一顆赤子之心，眞情流露，是一個可以促膝長談的長者。「文藝少女」最喜歡找他聊天，他也樂於和她們接近，因此「明星」的角落裡，常可以看他被一群小女生圍住，談詩說禪。一杯咖啡的工夫，可以日落月升，可以高朋滿座，也可以人去樓空。待詩人踽踽下樓，收起書攤，長夜將逝，又是一天的結束。這樣的文人風采，瀰漫著咖啡濃稠的香味，正是「明星」當年獨具的風格和魅力，是文藝沙龍的風流餘韻，徒留後人美好的記憶。

周夢蝶無疑是「明星」的一景，是七〇年代台北沙龍文化的象徵，在風華鼎盛的七〇年代，他是見證者，是過來人，他從來不曾缺席。假如少了他的背影，「明星」就會缺了一角，整個七〇年代恐怕都會遜色不少。

4

告別了七〇年代這場文化盛宴，陸陸續續，許多人離開了。周夢蝶的書攤不久亦告結束，我也遠渡重洋，負笈美國。即使返國之後，也因結婚生子，俗事牽絆，漸漸失去那股浪漫的情懷。我變成一個典型的朝九晚五的「上班族」和「新好男人」，每天在辦公室和家裡疲於奔命，連文化界的活動也甚少參與。

而今，周夢蝶又出現了，這個名字，勾起了我多少塵封的記憶，突然之間覺得自己又年輕了起來。拿起電話，幾次欲撥，又有點遲疑。闊別十五年，他還記得我嗎？又該如何啓齒？萬一如某評審委員所言，潑我一盆冷水，我該如何自處？文藝獎又該怎麼辦下去？

一連串的問號，折騰了我一晚沒有睡好。更不巧的是第二天「溫妮」颱風即將來襲。最難風雨故人來，上蒼假如有意這樣安排，紅泥小爐，喝他一小杯熱茶，豈不更充滿了詩意和人情味？

主意既定，第二天九點多，我便撥了電話過去。接電話的正是周夢蝶。我報了名字，先問他記得否？他確實相當意外，一連聲地說記得。我一提當年「明星」的往事，他立刻開心地笑了。「明星」彷若一個符碼，一連線，整把記憶全部串連起來了。我忐忑不安的心理，這才一掃而空。

5

下午三點，我獨自開著車子，頂著「溫妮」從淡水河口撲過來的風雨，依約到了紅毛城的門口。典型的颱風天，大片大片的烏雲像山水畫的潑墨，在觀音山頭的天空揮灑疾走。風瀟瀟兮易水寒，淡水河寬闊的河面被海口灌進來的強風，吹成一片陰森的鱗光。幸好雨只是間歇地下著，否則連個避雨的地方都沒有。選在這種天氣造訪故人，油然令人興起江湖寥落，吾與誰歸的感懷。

約莫十來分鐘，坡上的巷口，出現了一位快步疾走的老叟，一身灰黑的老式中山裝，手上拎著一把黑雨傘，強風頂住他瘦小的身軀，衣袂飄飄。我一眼便認出是他。我一邊向他揮手，一邊快步迎上前去，百來公尺的斜坡，我們兩人一走竟是漫長的十五年。

詩人親切地笑著，握著的手，竟是出奇地有力，幾乎被握痛了。然後帶領我走進半山腰那條僻靜的小巷。巷名叫「眞理四巷」，巷口是一座西班牙式的教堂。耶穌說，我就是眞理和道路。我卻不期然地想起顏回，那個孔門的清寒子弟，居陋巷，曲肱而枕之，不改其樂，夢蝶先生，何嘗不是今之顏回。他的眞理之路，卻是僧儒合流的禪修之路。

他蝸居的地方，是一座老式的分租公寓，依山而建。裡頭隔了許多小房間，大部分是空戶，因此空蕩蕩的，極爲冷寂幽森。他的房間在二樓邊間，僅容迴身，家具也極簡陋，只有一床一桌，外加兩張椅子。但憑窗外望，卻有極佳的視野。

淡水河浩淼的煙波，就橫亙在窗外。與對岸的觀音山兩相映照，山水毓秀，盡在眼前，令人心胸大開，能坐擁這片青山綠水，難怪詩人能不爲形體所役，而縱身天地造化之間，悠遊在佛經和詩學的國度裡。千帆過盡，來去無礙。

我們兩人倚窗，靠在那張老舊的書桌上。互相凝望著，中間隔著十五年的歲月，就像窗外淡水河上的千里煙波，隨著潮汐的漲落而流動。我急切地想過渡到河的彼岸，逆溯時光之流，去尋那吉光片羽，雪泥鴻爪。

仔細端詳，詩人瘦削的臉龐，並沒有多大改變，一貫地沈著、冷靜，話也不多；但他善體人意，每當覺得氣氛有些僵硬時，便會露齒一笑，那童眞的笑容，霎時便會使氣氛和緩下來。他的聲音低沈、緩慢，總是經過仔細思索後，才把話說出來。

6

話題當然是從武昌街的書攤談起，餐風飲露的街頭生涯，累積了多年的風霜和疲累之後，終於使他大病一場。進榮總動了一次大手術。手術後身體十分羸弱，再也無法擺書攤。幸好他還保有榮民的身分，靠著那份微薄的津貼，得以維持最起碼的生活，便這樣過起隱居的生活。

十多年來，詩人換了不下五、六個地方，從內湖、外雙溪、新店，輾轉遷移到目前的淡水。由於此地環境清幽，風景怡人，轉眼在這兒已經度過了四個寒暑。生活不外乎打坐、冥想、讀經、寫字，創作只是偶一爲之。這種近乎禪定的生活，其實也是創作的一種模式，只能細細咀嚼，無可言宣，亦無從爲外人道來。

詩人坦承，儘管心情已似老僧入定，古井無波，叫他就此遁入空門，他也未必甘心，因爲他還有感情的包袱、人世的諸多情緣，叫他一時無法全然放下。他承認，這正是他最脆弱的一面。

事實上，兩個月之前，詩人才經歷了生命中最殘酷的一場打擊。兒子在大陸二度中風之後身亡，爲了料理親生骨肉的後事，他千里迢迢回到河南老家，停留了兩個月，安頓好兩個孫女之後才又回到台灣。

詩人淡淡地敍述著，竭力要保持一貫的冷靜，然而聲調卻不勝愀然，眼睛也湧現一絲淚光。他一生顚沛流離，少時失怙，中年喪偶，晚年喪子，還有兩個幼孫寄養在外家，眞要他全然放下，情何以堪？

幸好他學了佛、幸好在他的孤獨國裡，還有一株還魂草，心似皎月，冷眼熱腸，來度過冷暖人間，無涯苦海。

他特別舉西哲鄧約翰的一句名言：「在人間世，沒有誰是一座孤島」，來比喻他的參悟和心境。多情如他，縱然手握慧劍，也斬不斷情的羈絆。既在紅塵修行，又何必看破紅塵呢？濁世滔滔，孤島又豈能自外於人世間的風風雨雨？

從薄午到黃昏，我們看「溫妮」在窗外肆虐，風也瀟瀟、雨也瀟瀟，漫天的風雨搖撼著多少人世的坎坷和缺憾。聽詩人娓娓訴說他後半生的際遇，小小的斗室裡，卻是一片寧靜和溫暖。久別重逢，晚來天欲雪，能再飲一杯否？

7

翌日，陳執行長打電話給五位得獎人，告訴他們得獎的消息，並恭喜、祝賀他們。周夢蝶在電話中直呼不可能，一再問是不是打錯了電話？陳執行長婉轉說明原委，並告訴他我昨天已先去拜訪過他，他這才恍然大悟。獲知得獎的喜訊，他當然喜出望外，並爽快地應陳執行長之邀，到基金會來和大家一起見面。

八月二十一日，詩人比約定的時間早一個小時便到了基金會。他一身藍色長袍，手持一傘，怡然地端坐在會客室裡，清癯的臉上自在從容，日前的矜持與憂傷一掃而空，看到我和陳執行長出來，彼此會心一笑，彷彿一切盡在不言之中。

幸好他來早了，我才有時間和他談比較技術性的問題，包括頒獎晚會、巡迴演講展示會和駐校藝術家等後續推廣活動。我知道他一向不喜歡在公開場合露臉，對演講更是視爲畏途。他雙眉低垂，緊抿雙唇，顯然內心正在苦苦掙扎。良久之後，才勉爲其難地表示他都同意，然後自嘲般地笑著說：這就是他的弱點，一輩子爲情所苦。

不久五位得獎人都到齊了，會客室裡一團喜氣洋洋，每位得獎人的歡欣都溢於言表。陳執行長說明了往後一系列的推廣活動，得獎者都樂於配合，然後帶領他們參觀基金會，在前廳合照。久候多時的攝影記者的鎂光燈，一時此起彼落，閃個不停。

中午基金會在福華宴請五位得獎人，周夢蝶和鄭善禧兩人豪興大發，喝掉了一大瓶的金門高粱。詩人的酒量奇佳，絲毫沒有醉意。散席之後，他拉拉長袍的下襬，手臂上掛著雨傘，帶著一臉滿足的微笑，飄然離去。

誠如他在送給我的書上的題字：「在人間世，沒有誰是一座孤島。」二十年前記憶中那座小小的孤島，宛然浮在我的眼前，武昌街人潮中那個小小的書攤，經過歲月的沈澱和侵蝕，雖然有些泛黃模糊，但經過這次「文藝獎」的肯定，再度淸晰地煥發出昔日的光采。

詩人不老，小島也不孤獨，他在文學上留下的足跡和一身嶙峋、傲岸的風骨，已成了台灣珍貴的文化資產，一頁充滿人文色彩的都會傳奇。

轉載自《聯合副刊》一九九七年九月廿七、廿八日

周夢蝶生平大事年表

民國	西元	
十	一九二一	●生於河南省淅川縣馬鐙鄉。
十二	一九二三	●三歲，由大姑母作媒，與苗姓女子訂親。
二十	一九三一	●十一歲到十六歲，隨大舅父、二族兄受四子書及詩經。
二十六	一九三七	●十七歲，奉母命與苗姓女子成婚。
二十八	一九三九	●入河南省立開封小學，寫作第一首新詩〈春〉十六行。民國二十九

年考入河南省立安陽初中。

三十三　一九四四　●初中畢業，考入河南省立開封師範學校，兩年後，學校遷回原址，輟學，於內鄉縣立小學任教。

三十六　一九四七　●插班入宛西鄉村師範，未畢業，而鄉梓淪陷，學業中斷。

三十七　一九四八　●離家，輾轉入武昌黃鶴樓，投考青年軍，年底，渡海來臺。兒子榮西十二歲，榮熹五歲，女兒喜鳳一歲，均留在原籍。

四十一　一九五二　●詩作〈無題〉刊登於《中央日報》副刊。

四十四　一九五五　●因「病弱不堪任勞」奉命退役，得中士退役金四百五十元，赴台北，任「四維書店」店員。

四十八　一九五九　●取得營業許可證，於武昌街一段七號明星咖啡屋騎樓下擺書攤。自費出版第一本詩集《孤獨國》，由藍星詩社發行。

五十三　一九六四　●擔任耕莘文教院主辦「水晶詩展」評審·，作品選入美國文學雜誌「脈絡」季刊，出版《中國現代詩特輯》。

五十四　一九六五　●文星出版第二本詩集《還魂草》。

五十六　一九六七　●於台北善導寺禮印順長老爲皈依師，法名普化。

五十八　一九六九　●「笠」詩社五周年紀念及第一屆詩獎，《還魂草》獲創作獎。

六十七　一九七八　●《還魂草》英文本在美出版，高信生譯。於聯合報副刊推出「風耳樓小牘」專欄。

六十九　一九八〇　●因胃潰瘍入院開刀，結束二十一年書攤生活。

七十　一九八一　●於內湖與徐進夫夫婦共住。

七十二　一九八三　●遷居外雙溪，圈點《綠野仙蹤》《聊齋》《八指頭陀》《蒼虬閣詩》，三年後畢工，大病一場。

七十三　一九八四　●《聯合報》及雲門舞集於國立藝術館舉辦散文朗誦會，應邀朗誦「風耳樓小牘」四則。

七十六　一九八七　●詩作入選韓國《湖西文學》《中國現代詩人五人選》特輯，參加皇冠藝文中心「書房外的天空——作家藝展」聯合展出，遷新店，不久又遷至淡水外竿。

七十七　一九八八　●詩作入選北平《詩刊》《台灣詩選》專輯。

七十九　一九九〇　●獲第二屆中央日報文學獎成就特別獎。

八十　一九九一　●每周三晚上定期至長沙街「百福奶品」與文友相聚，風雨無阻。

八十二　一九九三　●由淡水外竿遷至紅毛城附近小樓，室小不足五坪。

八十三　一九九四　●參加台灣詩學季刊舉辦之「挑戰詩人」系列活動與翁文嫻座談。

八十四　一九九五　●每日趺坐讀書或寫書法，因體弱只能寫小楷。

八十五　一九九六　●第一次回大陸探親。

八十六　一九九七　●獲第一屆國家文化藝術基金會國家文藝獎「文學類」獎章。

八十七　一九九八　●遷居新店。

藝術大師①

周夢蝶

——詩壇苦行僧

作者——劉永毅
董事長
發行人——孫思照
社長——莊展信
出版者——時報文化出版企業股份有限公司
台北市108和平西路三段二四○號四F
發行專線—(○二)二三○六—六八四二
讀者免費服務專線—○八○—二三一—七○五
(如果您對本書品質與服務有任何不滿意的地方，請打這支電話。)
郵撥——○一○三八五四～○時報出版公司
信箱——台北郵政七九～九九信箱
電子郵件信箱——ctpc@ms1.hinet.net
網址——http://www.chinatimes.com.tw/ctpub/main.htm

主編——侯秀琴
編輯——李濰美
設計——翁國鈞
校對——李濰美・徐詩思・周夢蝶
排版——普辰電腦排版有限公司
製版——成宏照相製版有限公司
印刷——富昇彩色印刷事業股份有限公司
初版一刷——一九九八年九月十五日
定價——新台幣二五○元
◎行政院新聞局局版北市業字第八○號

●本書照片除註明拍攝者及提供者外，皆由周夢蝶先生提供
●財團法人國家文化藝術基金會贊助出版

ISBN 957-13-2695-X
Printed in Taiwan

國家圖書館出版品預行編目資料

周夢蝶 : 詩壇苦行僧 / 劉永毅著. -- 初版. --臺北市 : 時報文化, 1998[民87]
面 ; 公分. -- (藝術大師 ; 1)

ISBN 957-13-2695-X(平裝)

1. 周夢蝶 - 傳記

782.886　　87012088

編號：MT01	書名：周夢蝶—詩壇苦行僧
姓名：	性別：＿＿＿＿ 1.男 2.女
出生日期： 年 月 日	身份證字號：

＿＿＿＿ 學歷：1.小學 2.國中 3.高中 4.大專 5.研究所（含以上）

＿＿＿＿ 職業：1.學生 2.公務(含軍警) 3.家管 4.服務 5.金融 6.製造 7.資訊 8.大眾傳播 9.自由業 10.農漁牧 11.退休 12.其他

地址：＿＿＿＿ 縣（市）＿＿＿＿ 鄉鎮區 ＿＿＿＿ 村 ＿＿＿ 里 ＿＿＿ 鄰
＿＿＿＿ 路（街）＿＿ 段 ＿＿＿ 巷 ＿＿＿ 弄 ＿＿＿ 號 ＿＿ 樓

郵遞區號：＿＿＿＿

（下列資料請以數字填在每題前之空格處）

＿＿＿＿ **您從哪裡得知本書／**
1.書店 2.報紙廣告 3.報紙專欄 4.雜誌廣告 5.親友介紹
6. DM廣告傳單 7.其他 ＿＿＿＿＿＿

您對本書的意見／
＿＿＿＿內　　容／1.滿意 2.尚可 3.應改進
＿＿＿＿編　　輯／1.滿意 2.尚可 3.應改進
＿＿＿＿封面設計／1.滿意 2.尚可 3.應改進
＿＿＿＿校　　對／1.滿意 2.尚可 3.應改進
＿＿＿＿定　　價／1.偏低 2.適中 3.偏高

您希望我們爲您出版哪一類的作品／
＿＿＿＿ 1.文學 2.音樂 3.美術 4.舞蹈 5.戲劇 6.其他 ＿＿＿＿＿＿

您希望我們爲您出版哪一位作者的著作或回憶錄／
1.＿＿＿＿＿＿ 2.＿＿＿＿＿＿ 3.＿＿＿＿＿＿

您的建議／

＿＿＿＿＿＿＿＿＿＿＿＿＿＿＿＿＿＿＿＿＿＿＿＿＿＿＿＿＿＿

＿＿＿＿＿＿＿＿＿＿＿＿＿＿＿＿＿＿＿＿＿＿＿＿＿＿＿＿＿＿

請沿虛線摺下裝訂，謝謝！

地址：台北市108和平西路三段240號4F
電話：(080)231-705（讀者免費服務專線）
(02)2306-6842・2302-4075（讀者服務中心）
郵撥：0103854-0時報出版公司

請寄回這張服務卡（免貼郵票），您可以——

●隨時收到最新消息。
●參加專為您設計的各項回饋優惠活動。

寄回本卡，掌握藝術大師系列的最新訊息

藝術大師

藝術的人生／大師的風範